TESTUJ SWÓJ POLSKI

TEST YOUR POLISH

SŁOWNICTWO 1

VOCABULARY

Justyna Krztoń

Redaktor prowadzący serię TESTUJ SWÓJ POLSKI: Mariusz Siara

Redakcja merytoryczna i językowa:
Joanna Dziubińska, Justyna Krztoń, Agata Stępnik-Siara

Tłumaczenie na język angielski: Joanna Dziubińska, Ron Mukerji

Rysunki: Ksenia Berezowska, Paweł Kołodziejski, Katarzyna Krzykawska, Iza Murzyn

Projekt okładki: Paweł Gąsienica-Marcinowski

Projekt graficzny i skład: Studio Quadro

Autorki oraz Wydawca serii TESTUJ SWÓJ POLSKI pragną podziękować wszystkim, którzy przyczynili się do powstania serii, w szczególności Barbarze Owsiak. Autorka oraz Wydawca pierwszej w serii książki TESTUJ SWÓJ POLSKI – SŁOWNICTWO 1 pragną także podziękować osobom, które pomogły w przygotowaniu książki do druku, przede wszystkim Nelli Sierżanowej i Marysi Siarze. Za inspiracje Autorka dziękuje Marzenie Bzdek, Magdzie Frankowskiej, Krysi Gołdzie oraz Ani Maciejasz.

Wydanie I
ISBN 978-83-60229-60-6
Druk: Drukarnia Know How

PROLOG Szkoła Języków Obcych
ul. Bronowicka 37, 30-084 Kraków
tel./faks +48 (12) 638 45 50, tel. +48 (12) 638 45 65
e-mail: books@prolog.edu.pl
www.prolog.edu.pl

Spis treści

Seria *TESTUJ SWÓJ POLSKI* przeznaczona jest dla wszystkich, którzy chcą dobrze mówić po polsku, a jednocześnie lubią łączyć naukę języka z zabawą.

Nauka słówek i wyrażeń z książką *TESTUJ SWÓJ POLSKI – SŁOWNICTWO 1* zapewnia uczącemu się maksymalną autonomię w wyborze wykonywanych ćwiczeń. Mogą one być wykonywane w dowolnej kolejności, ponieważ są niezależne od siebie.

W książce wykorzystaliśmy różne typy bogato ilustrowanych zadań, aby ułatwić i przyspieszyć proces uczenia się języka polskiego. Każde z ćwiczeń zawiera tematycznie pogrupowane słownictwo w ilości optymalnej do łatwego przyswojenia. Polecamy kilkukrotne, rozłożone w czasie rozwiązywanie poszczególnych ćwiczeń. Sukces gwarantowany ☺.
Samodzielną pracę ułatwia zamieszczony słowniczek polsko-angielski i polsko-niemiecki oraz klucz. Ćwiczenia z *TESTUJ SWÓJ POLSKI – SŁOWNICTWO 1* mogą również uatrakcyjnić naukę na kursach języka polskiego. Sugerowany poziom to A1 do A2 (wg CEFR), przy czym w książce okazjonalnie pojawia się również słownictwo wykraczające poza te poziomy.

Życzymy dobrej zabawy i sukcesów w nauce języka polskiego!
Autorka i Redakcja

The series *TESTUJ SWÓJ POLSKI (TEST YOUR POLISH)* has been written for learners who wish to improve their Polish through using fun and engaging learning techniques.

Learning new vocabulary and phrases from the book *TESTUJ SWÓJ POLSKI – SŁOWNICTWO 1 (TEST YOUR POLISH – VOCABULARY 1)* is easy. Exercises are independent of each other which puts the learner in charge of what to learn and in which order.

We have used a range of exercises with supporting illustrations to make learning Polish easy and quick. The exercises present an optimal amount of vocabulary for a language learner, grouped by theme. We recommend doing the tasks at least twice, allowing time between attempting the exercises. This will guarantee success ☺.
To make the book friendly to the self-study learner, an answer key and Polish-English and Polish-German dictionaries are included. The exercises from *TESTUJ SWÓJ POLSKI – SŁOWNICTWO 1 (TEST YOUR POLISH – VOCABULARY 1)* can also be effectively used for groups of Polish language learners. The suggested level is A1 to A2 (according to CEFR), though more advanced users may also find some challenging vocabulary.

We wish you fun and success in learning Polish!
Author and Publisher

1 Owoce i warzywa

A **Match the numbers in the picture to the words.**

OWOCE	WARZYWA
______ jabłko	___1___ pomidor
______ gruszka	______ ogórek
______ banan	______ kapusta
______ ananas	______ ziemniak
______ truskawka	______ por
______ śliwka	______ sałata

2 Bluzka, szynka, bułka...

Make names of things illustrated below.

1 

bluz -ka

2 

________-ka

3 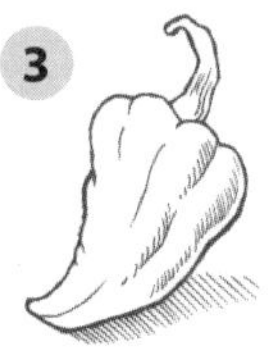

________-ka

4 

________-ka

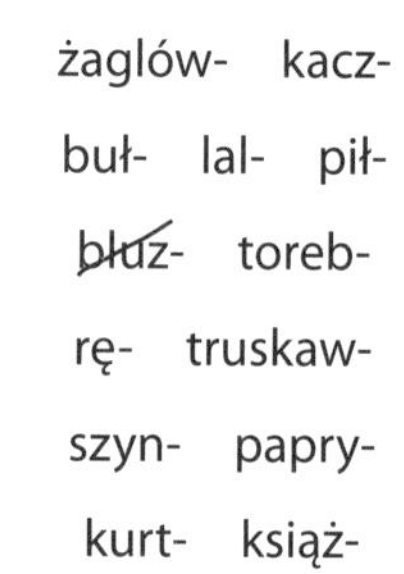

żaglów- kacz-
buł- lal- pił-
~~błuz~~- toreb-
rę- truskaw-
szyn- papry-
kurt- książ-

5 

________-ka

6 

________-ka

7 

________-ka

8 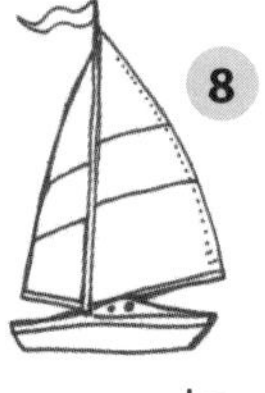

________-ka

9

________-ka

10 

________-ka

11 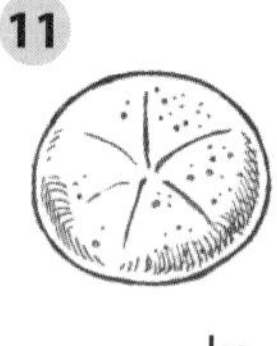

________-ka

12 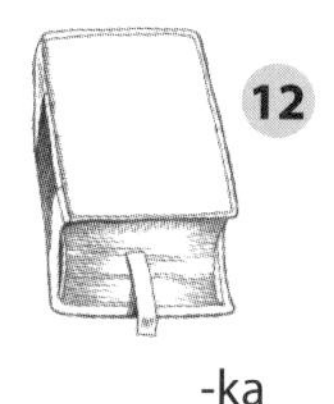

________-ka

13 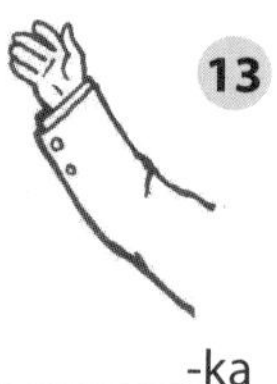

________-ka

3 Jaki on jest?

1 **Give opposites to the adjectives given.**

Marek jest:

1. młody
2. gruby
3. chory
4. smutny
5. niewysportowany
6. brzydki
7. niski
8. głupi
9. sympatyczny

Darek jest:

1. s t a r y
2. s _ _ _ _ _ _ _ _
3. z _ _ _ _ _
4. w _ _ _ _ _
5. w _ _ _ _ _ _ _ _ _ _ _ _ _
6. p _ _ _ _ _ _ _ _ _ _
7. w _ _ _ _ _
8. m _ _ _ _
9. n _ _ _ _ _ _ _ _ _ _ _ _ _ _ _

Marek ma:

1. d r o g i samochód
2. m _ _ _ dom
3. b _ _ _ _ _ _ _ ogród
4. s _ _ _ _ _ garaż
5. j _ _ _ _ _ salon
6. w _ _ _ _ _ _ _ fotel
7. a _ _ _ _ _ _ _ _ _ _ _ _ _ psa

Darek ma:

1. tani samochód
2. duży dom
3. ładny ogród
4. nowy garaż
5. ciemny salon
6. niewygodny fotel
7. łagodnego psa

4 Kolory

A **Write the correct word under each picture. Choose from the box below.**

1 *pomarańcza*

2 ....

3 ....

śnieg	niebo	czekolada	~~pomarańcza~~
ogórek	noc	cytryna	truskawka
tęcza			śliwka

MLECZNA
Z ORZECHAMI

4 ....

5 ....

6 ....

7 ....

8 ....

9 ....

10 ....

B Underline the colour in each list.

a) niedziela, niebieski, niebo
b) pomarańcza, pomarańczowy, pomidor
c) biały, buty, biedny
d) zimny, ziemniak, zielony
e) żółty, zawsze, żaba
f) brązowy, brzydki, bułka
g) czas, czarny, czasami
h) czysty, cześć, czerwony
i) fioletowy, fajny, filiżanka
j) róża, różowy, rower

C Solve the crossword.

Poziomo:

3. .... jak niebo
5. .... jak pomarańcza
8. .... jak śnieg
9. .... jak śliwka
10. .... jak czekolada

Pionowo:

1. .... jak ogórek
2. .... jak tęcza
4. .... jak noc
6. .... jak truskawka
7. .... jak cytryna

5 Paweł umie… prawie wszystko

Complete the sentences with the verbs from the box below.

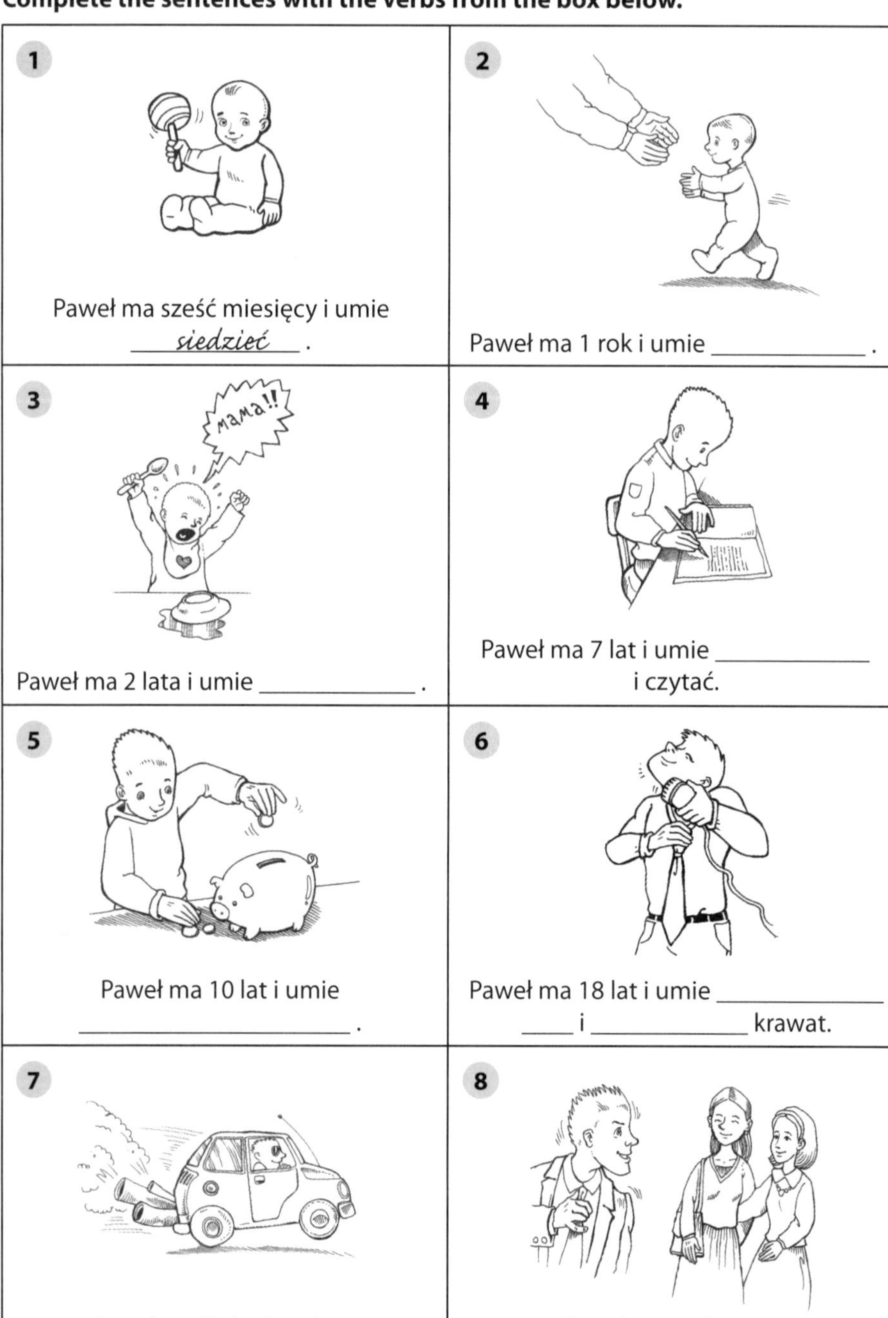

1. Paweł ma sześć miesięcy i umie *siedzieć* .

2. Paweł ma 1 rok i umie ____________ .

3. Paweł ma 2 lata i umie ____________ .

4. Paweł ma 7 lat i umie ____________ i czytać.

5. Paweł ma 10 lat i umie ____________ .

6. Paweł ma 18 lat i umie ____________ ____ i ____________ krawat.

7. Paweł ma 25 lat i umie ____________ samochód.

8. Paweł ma 30 lat i umie ____________ z kobietami.

9 Paweł ma 40 lat i umie ___________________ .

10 Paweł ma 50 lat i umie ___________________ na giełdzie.

11 Paweł ma 60 lat i umie ___________________ .

12 Paweł ma 70 lat i umie cierpliwie ___________________ .

13 Paweł ma 80 lat i umie ___________________ .

14 Paweł ma 90 lat i umie ___________________ .

15 Paweł ma 100 lat i umie ______________ ___, kiedy pada deszcz.

chodzić czekać golić się gotować grać
mówić opowiadać oszczędzać pisać
prowadzić flirtować ~~siedzieć~~ słuchać
śmiać się tańczyć wiązać

6 Kot to nie koc

Underline the word shown in the picture.

1 ogórek, ogródek

2 koc, kot

3 kuchenka, kuchnia

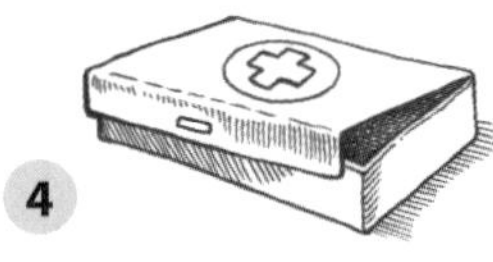

4 apteka, apteczka

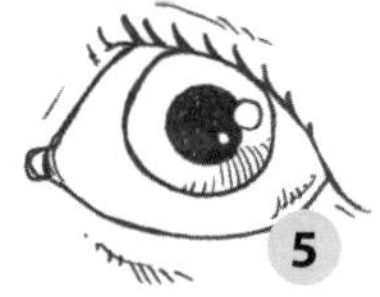

5 oko, okno

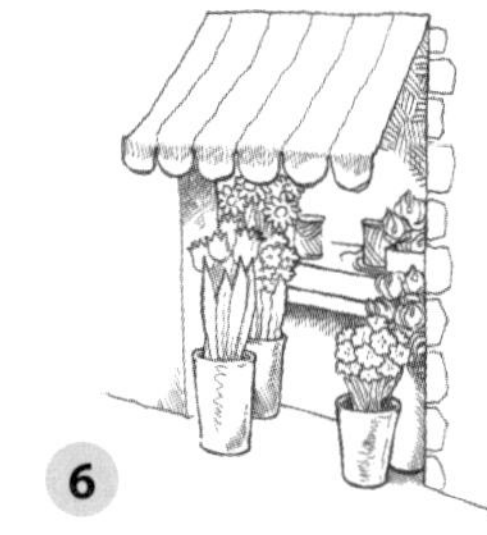

6 kwiaciarnia, księgarnia

7 plecy, plecak

8 lis, list

9 łóżko, łyżka

10 masło, miasto

11 balkon, balon

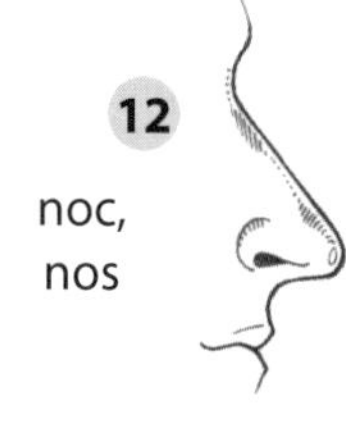

12 noc, nos

13 piekarz, piekarnik

14 ser, sernik

15 spodnie, spódnica

7 Czy to prawda?

True or false?

		PRAWDA	FAŁSZ
1	Ania jest córką mojej siostry. To moja siostrzenica.	V	
2	Rafał ma bardzo dobrą pracę. On jest bezrobotny.		
3	W kuchni zwykle stoi wanna.		
4	Pani Nowak ma dużo pieniędzy. Ona jest bogata.		
5	Na przystanku autobusowym ludzie czekają na pociąg.		
6	Idę do apteki, bo muszę kupić aspirynę.		
7	Kasia często płacze. Ona jest wesołym dzieckiem.		
8	Kwiaty kupujemy w księgarni.		
9	Pan Hojda ma 205 cm wzrostu. On jest bardzo niski.		
10	Bigos to typowe danie wegetariańskie.		
11	Kawa i herbata to napoje bezalkoholowe.		
12	Barszcz czerwony to tradycyjna, włoska zupa.		
13	Jestem głodny. Muszę coś zjeść.		
14	Mój mąż jest pracoholikiem. On nigdy nie pracuje.		
15	W lecie często pada śnieg.		

8 Kucharka, aktorka, sekretarka...

A Wordsearch. Find 14 professions (female forms). → ↑ ↓ ←

D	F	G	W	E	R	T	A	S	Z	O	P	T
D	N	A	U	C	Z	Y	C	I	E	L	K	A
Z	U	A	K	Z	C	A	M	U	Ł	T	W	N
X	D	A	S	M	B	N	J	L	O	I	I	C
C	A	K	E	L	N	E	R	K	A	S	Ą	E
B	S	T	K	U	E	S	W	Z	B	Y	G	R
Ę	Y	O	R	Z	R	O	U	I	E	P	O	K
N	S	R	E	S	D	P	I	S	A	R	K	A
A	T	K	T	L	Ę	Z	U	A	K	A	A	I
K	E	A	A	S	Ŧ	E	W	T	U	K	Z	M
R	N	U	R	B	Y	F	B	I	C	Z	O	A
E	T	S	K	O	S	A	S	I	H	C	P	L
J	K	W	A	D	Ŧ	W	E	O	A	A	C	A
Z	A	Y	I	P	K	C	S	P	R	M	K	R
Y	U	B	N	Ą	A	Z	D	R	K	K	S	K
R	S	D	F	O	H	Y	W	O	A	S	D	A
F	J	C	G	A	P	N	I	T	D	B	F	P
D	Z	I	E	N	N	I	K	A	R	K	A	U
K	A	K	T	N	A	T	K	E	J	O	R	P
Z	C	B	N	A	S	D	F	G	H	J	L	O

B Give male forms of professions from exercise A as in the example.

kobieta	mężczyzna	kobieta	mężczyzna
aktorka	*aktor*	kucharka	*kucharz*
projektantka		dziennikarka	
tłumaczka		malarka	
asystentka		pisarka	
fryzjerka		tancerka	
nauczycielka		sekretarka	
kelnerka		lekarka	

9 Dlaczego? Bo...

Find the right ending for every sentence.

Czytam codziennie gazety, bo	1	a	nie lubię jeździć tramwajami.
Alicja nie musi gotować, bo	2	b	ma w niedzielę urodziny.
Kupiłem samochód, bo	3	c	bardzo źle się czuję.
Sabina uczy się języka japońskiego, bo	4	d	kupiła nowe bikini i jest na diecie.
Darek nie je mięsa, bo	5	e	lubię jeździć na nartach.
Idę do lekarza, bo	6	f	woli kupować w Internecie.
Co roku jeździmy na urlop do Włoch, bo	7	g	jej chłopak jest Japończykiem.
Zima jest moją ulubioną porą roku, bo	8	h	kochamy klimat i kuchnię włoską.
Marzena nie je słodyczy, bo	9	i	jej mąż jest świetnym kucharzem.
Musicie kupić fajny prezent dla Marka, bo	10	j	nie mogę żyć bez muzyki.
Zawsze mam przy sobie iPoda, bo	11	k	jest wegetarianinem.
Moja dziewczyna nigdy nie kupuje książek w księgarni, bo	12	l	interesuję się polityką.

10 Oferta kulturalna

Match the advertisement to the right person.

6 Marek śpi w dzień. W nocy spotyka się z kolegami. Testuje nowe drinki. Słucha supermuzyki. Czasem tańczy. Flirtuje z pięknymi dziewczynami.

Pani Ania ma 55 lat i jest aktywną kobietą. Chce być w formie i mieć ładną figurę. Pracuje bardzo dużo, ale na aerobic ma zawsze czas.

Maciek bardzo dobrze gotuje. Lubi polską kuchnię, ale szuka nowych inspiracji. Jego ostatnia fascynacja to kuchnia azjatycka.

Pan Piotr gra na saksofonie jazz. Kocha też muzykę klasyczną. Regularnie chodzi na koncerty do filharmonii.

Pan Zenon ma 75 lat. Kupił komputer i chce nauczyć się korzystać z Internetu.

Basia jest kinomanką. Chodzi do kina w każdy weekend. Czasem nawet na dwa filmy. Lubi nie tylko kino europejskie.

1

Sylwester
w kinie!

31.12. maraton filmowy
w kinie „Fantazja".
Początek o godz. 20.00.
Proponujemy do północy
kino europejskie.
O godz. 24.00 szampan GRATIS!
Po godz. 24.00 Bollywood.
O godz. 6.00 mocna kawa GRATIS!
Cena biletu 60 zł.
Zapraszamy!

ul. Kijowska 107
Rezerwacja biletów 087 567454

2

Fitness klub dla kobiet w wieku
od 1 roku do 100 lat.
Indoor cycling, joga, aerobic,
sauna, kort tenisowy, basen.
Godziny otwarcia:
od poniedziałku do piątku
6.00-22.00,
sobota, niedziela 6.00-20.00.

ul. Zbronowicka 34,
tel. 765 436 988

3

Kursy komputerowe dla seniorów.
- Obsługa komputera
- Internet

Zajęcia w każdy piątek od 10.00 do 12.00. Cena kursu 200 zł.

Informacja: Jan Nowak, doświadczony nauczyciel informatyki, tel. 405567876

4

w Krakowie

Zapraszamy na jazzowe koncerty w każdą niedzielę /od czerwca do września/ na Rynek Główny. Muzycy z USA, Argentyny, Francji i Wielkiej Brytanii.

Szczegółowy program na www.jazzowelato.krakow.pl

5

Czy lubisz jeść smacznie?
Czy chcesz jeść zdrowo?
Tydzień kuchni azjatyckiej.
Kurs dla początkujących.
W programie sushi, zupa miso,
kurczak po seczuańsku.
Cena 500 zł.
Informacje i zapisy:
Dom Kultury „Kosmo",
ul. Długa 42, tel. 012 3452343

6

Uwaga! Nowy irlandzki PUB „Till "na Starym Mieście. Irlandzka atmosfera, polskie piwo, muzyka live.

Pierwszy drink GRATIS!
W poniedziałki i czwartki
od 20.00 do 21.00.

Stare Miasto 5

11 Hotel, fotel

A **Which ending fits both words in each pair?**

-ak, -on (crossed out), -arz, -el, -or, -nosz, -er, -ek

balk- *on*	makar- *on*
telewiz-______	kalkulat-______
kurcz-______	plec-______
zegar-______	kwiat-______
hot-______	fot-______
biusto-______	listo-______
lek-______	mal-______
fryzj-______	keln-______

B **Write words from exercise A next to the correct pictures.**

12 Lista zakupów

Which of the shopping lists (1-8) match the people described below?

__5__ Marzena musi kupić coś do pisania, bo zaczyna się nowy rok szkolny.

_____ Maria nie ma na zimę ciepłych butów, czapki, kurtki. Nie ma też rękawiczek.

_____ Zuzia i Mirek są wegetarianami. Lubią ostre przyprawy.

_____ Pani Gawęda ma dwa koty. Lubi słodycze. Codziennie na śniadanie je musli z mlekiem. Zawsze wieczorem pije czerwone wino i je dobry ser.

_____ Barbara lubi dobrą kawę ze śmietanką. Je dużo warzyw i owoców.

_____ Pan Majewski często je mięso. Od czasu do czasu pije jogurt lub kefir. Woli ryż niż ziemniaki.

_____ Krzysztof chce ugotować dla córki ryż na mleku z sosem waniliowym i truskawkami.

_____ Oskar ma nowe mieszkanie. Nie ma gdzie siedzieć i gdzie spać. Lubi czasem leżeć na dywanie.

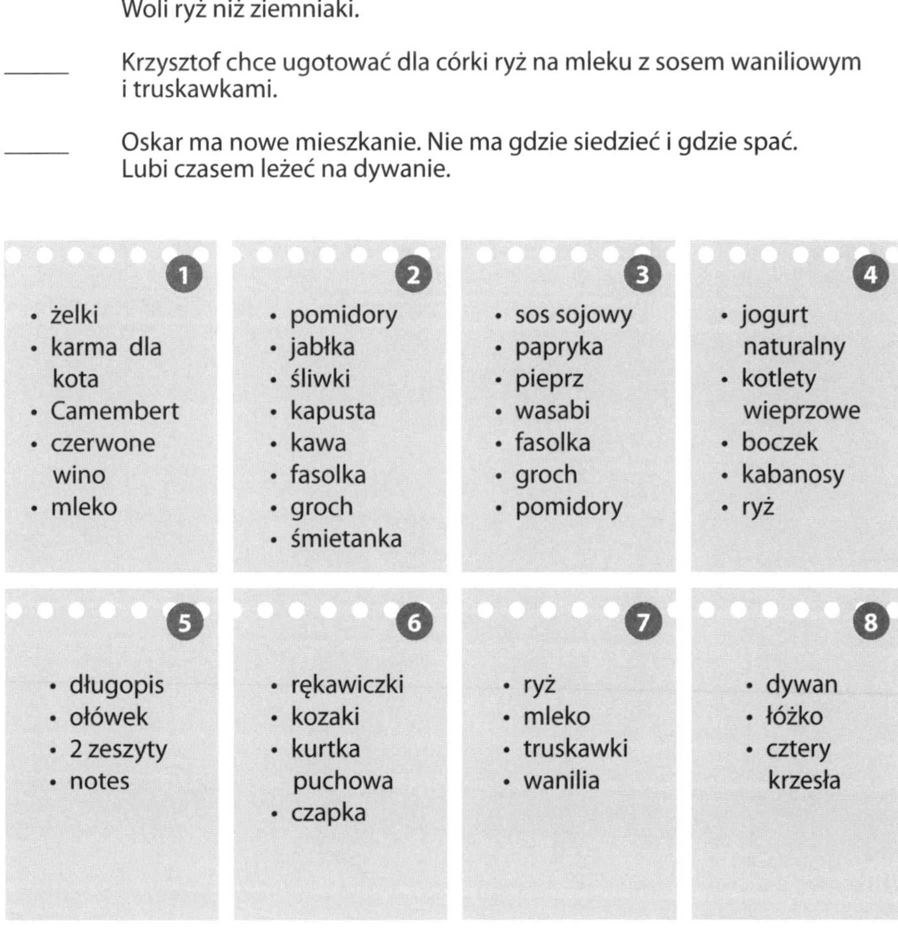

1
• żelki
• karma dla kota
• Camembert
• czerwone wino
• mleko
2
• pomidory
• jabłka
• śliwki
• kapusta
• kawa
• fasolka
• groch
• śmietanka
3
• sos sojowy
• papryka
• pieprz
• wasabi
• fasolka
• groch
• pomidory
4
• jogurt naturalny
• kotlety wieprzowe
• boczek
• kabanosy
• ryż
5
• długopis
• ołówek
• 2 zeszyty
• notes
6
• rękawiczki
• kozaki
• kurtka puchowa
• czapka
7
• ryż
• mleko
• truskawki
• wanilia
8
• dywan
• łóżko
• cztery krzesła

13 Co na zimę? Co na lato?

A Match the numbers in the pictures to the words.

8	kożuch
	bikini
	spodnie narciarskie
	kąpielówki
	szalik
	czapka futrzana
	krótkie spodnie
	klapki

	rękawiczki
	kozaki
	kapelusz słomkowy
	sandały
	czapka z daszkiem
	okulary słoneczne
	bluzka na ramiączkach
	sukienka

B Cross out the words that do not belong to the lists.

Ubranie dobre na lato: kąpielówki, ~~kozaki~~, bluzka na ramiączkach, spodnie narciarskie, sandały, kożuch, krótkie spodnie

Ubranie dobre na zimę: klapki, czapka futrzana, szalik, kapelusz słomkowy, sandały, rękawiczki, kozaki

C Underline the word which goes together with the expression in bold.

1	**futrzana**	bluzka, czapka
2	**słoneczne**	kozaki, okulary
3	**narciarskie**	spodnie, sandały
4	**słomkowy**	kapelusz, kożuch
5	**krótkie**	okulary, spodnie
6	**na ramiączkach**	kozaki, bluzka
7	**z daszkiem**	czapka, kożuch

14 Polska, Polak, Polka

A **Wordsearch. Find 17 names of countries. → ↓**

W	I	E	L	K	A	B	A	N	G	L	I	A	O	K
G	P	I	F	H	M	G	Z	K	W	T	R	S	C	B
R	O	Z	E	I	I	R	L	M	P	U	Y	C	R	E
E	R	S	O	S	K	E	L	B	R	P	L	W	H	L
N	T	N	C	Z	E	C	H	Y	U	O	O	Ę	E	G
L	U	O	E	P	D	J	L	K	F	L	S	G	L	I
A	G	L	V	A	C	A	J	A	U	S	T	R	I	A
L	A	Z	E	N	B	U	P	M	Y	K	A	Y	T	O
S	L	E	B	I	A	N	W	I	K	A	S	O	N	W
F	I	N	L	A	N	D	I	A	I	F	R	D	K	Ł
K	A	L	A	B	A	M	R	N	J	S	S	O	J	O
G	E	R	O	L	A	N	L	I	Z	A	Z	K	W	C
N	O	R	W	E	G	I	A	P	D	H	W	J	K	H
F	I	O	L	W	Q	R	N	Y	N	I	E	M	C	Y
S	T	S	Z	V	B	N	D	M	L	P	C	A	U	S
R	O	J	A	B	U	S	I	A	C	U	J	K	Z	G
D	F	A	P	K	F	R	A	N	C	J	A	N	M	X

B **Write the appropriate nationalities (masculine and feminine forms)**

	KRAJ	MIESZKANIEC KRAJU	MIESZKANKA KRAJU
1	Polska	*Polak*	*Polka*
2	Czechy	__ __ __ch	__ __ __sz__ __
3	Belgia	__ __lg	__ __ __ __ __jka
4	Niemcy	__ __ __ __ __ __ec	__ __ __ __ka
5	Grecja	__ __ek	__ __ __czynka
6	Węgry	__ __ __ __ __er	__ __ __ierka
7	Austria	__ __ __ __ __ __ __ak	__ __ __ __ __ __ __ __czka
8	Szwecja	__ __ __ed	__ __ __ __dka
9	Włochy	__ __ __ch	__ __ __szka
10	Francja	__ __ __ __ __ __uz	__ __ __ __ __ __uzka
11	Rosja	__ __ __ __ __ __nin	__ __ __ __ __ __nka
12	Hiszpania	__ __ __ __ __ __an	__ __ __ __ __ __ __ __ka
13	Anglia	__ __ __ __ik	__ __ __ielka
14	Finlandia	__in	__ __ __ka
15	Irlandia	__ __ __ __ __ __ __czyk	__ __ __ __ __ __ __ka
16	Portugalia	__ __ __ __ __ __ __ __ __ __czyk	__ __ __ __ __ __ __ __ __ __ka

15 Pisarz pisze

Put the letters in order to form the right profession.

1	R-Z-S-I-A	p*isarz*__________	pisze
2	W-Ł-A-K-Y	p______________	pływa
3	A-Z-R-L-A	m______________	maluje
4	N-Z-E-A-R-C	t______________	tańczy
5	A-I-K-O-W-N-R-C	p______________	pracuje
6	R-R-E-E-S	t______________	tresuje
7	E-E-N-R-R	t______________	trenuje
8	Y-Y-R-G-T-E-N	d______________	dyryguje
9	R-R-K-T-O-O-A-E	d______________	dekoruje
10	O-O-A-E-D-R-R-T	m______________	moderuje
11	O-O-O-M-P-R-Z-Y-T	k______________	komponuje
12	P-Z-R-W-C-D-A-A-E	s______________	sprzedaje
13	E-O-O-L-R-R-N-T	k______________	kontroluje
14	T-R-G-R-M-S-I-A-A-O	p______________	programuje
15	R-N-T-A-O-E-K-T-J	p______________	projektuje
16	O-O-A-F-G-R-T	f______________	fotografuje

16 O której godzinie? Kiedy?

A **Match the hours from the box to the sentences they were used in.**

20:00	11:15	~~7:10~~	22:00	16:30	12:00	24:00

1. O godzinie siódmej dziesięć oni jedzą śniadanie. ....7:10..........
2. O godzinie dwudziestej oglądamy telewizję. ....
3. O godzinie dwudziestej czwartej Sebastian idzie spać. ....
4. O godzinie jedenastej piętnaście one mają telekonferencję. ....
5. O godzinie dwunastej jemy lunch. ....
6. O godzinie szesnastej trzydzieści Aneta idzie na kurs angielskiego. ....
7. O godzinie dwudziestej drugiej uczę się do egzaminu. ....

B **Put the numbers to the right time expressions.**

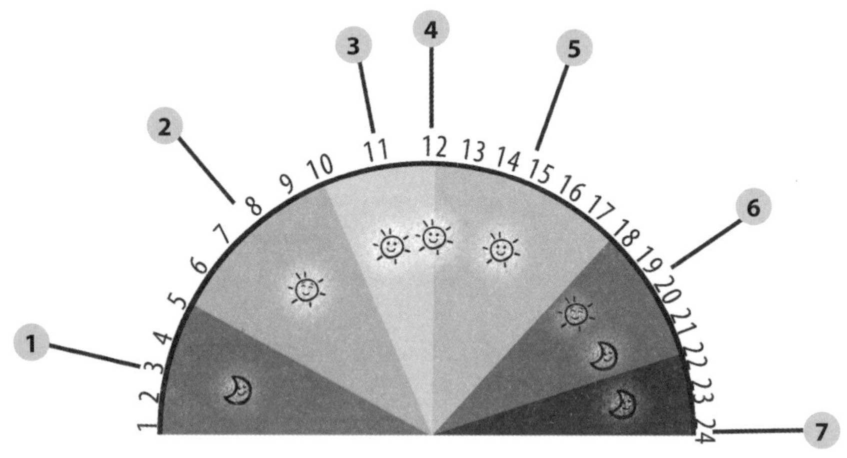

_2_ rano ___ przed południem ___ po południu

___ wieczorem ___ w nocy ___ w południe

___ o północy

C **Fill in the sentences with time expressions from the box.**

~~rano~~	wieczorem	przed południem	w nocy
o północy	po południu	w południe	

1. (7:10) ___*Rano*___ oni jedzą śniadanie.
2. (20:00) ______________ oglądamy telewizję.
3. (24:00) ______________ Sebastian idzie spać.
4. (11:15) ______________ one mają telekonferencję.
5. (12:00) ______________ jemy lunch.
6. (16:30) ______________ Aneta idzie na kurs angielskiego.
7. (23:00) ______________ uczę się do egzaminu.

17 Co to jest?

Fill in the missing letter *o* or *a*.

18 SMS do...

Who did Mrs. Milena Mruczkowska write text messages to? Fill in the spaces provided as in example.

do szefa | do męża | ~~do koleżanki~~
do syna | do córki | do mamy

1 SMS *do koleżanki*

Cześć Krysiu, masz ochotę po pracy na kawę lub lody? Możemy też iść do kina. Mam całe popołudnie wolne. Obiad gotuje babcia, a mąż jedzie do warsztatu. Czekam na info. Pa, pa Milena

2 SMS ____________________

Witam. Termin w firmie Intermax aktualny. Klient czeka na Pana w biurze.
Pozdrawiam
M. Mruczkowska

3 SMS ____________________

☺ Kasiu, córeczko, jak było w szkole? Pisaliście test z matematyki? Obiad dzisiaj zrobi babcia. Kocham Cię.
Mama

4 SMS ____________________

Mamo, nic nie szkodzi, że nie masz klucza. Sebastian będzie w domu już o 12.30. W lodówce jest kurczak. Możesz też zrobić pierogi. Kasia i Sebastian kochają Twoje ruskie pierogi. Dziękuję, mamusiu, za pomoc.
Milena

5 SMS ____________________

Mój Drogi, pomocy!
Mam znowu problem z samochodem. Czy możesz pojechać z nim do warsztatu? Chciałabym spotkać się dzisiaj z Krysią.
Całuję Cię M.

6 SMS ____________________

Sebastian, babcia gotuje dzisiaj u nas obiad. Nie ma klucza. Musisz być w domu o 12.30.
OK? Mama

19 Nie wiem...

Complete the sentences with the words from the box below.

czy (2x) kto ~~gdzie~~ ile kiedy (2x) dlaczego (2x)
co (2x) kogo o kim o czym z kim z czym jak

1	– Nie wiem, gdzie leży Warszawa. – W centrum Polski.
2	– Nie wiem, ______________ jesteś w Polsce. – Bo moja dziewczyna tu mieszka.
3	– Nie wiem, ______________ otwarte jest biuro. – Od poniedziałku do piątku. Od 8.00 do 17.00.
4	– Nie wiem, ______________ on to dobrze zrobi. – Myślę, że tak. Jest przecież profesjonalistą.
5	– Nie wiem, ______________ mówisz. – O moim kuzynie Marcinie.
6	– Nie wiem, ______________ chcesz bigos. Z ziemniakami czy z chlebem? – Może z chlebem.
7	– Nie wiem, ______________ ona godzinami rozmawia przez telefon. – Na pewno nie o szkole.
8	– Nie wiem, ______________ on się teraz spotyka. Ma nową dziewczynę? – Spotyka się z taką wysoką blondynką, ale nie wiem, ______________ to jest jego nowa dziewczyna.
9	– Nie wiem, ______________ nazywa się waluta w Polsce. – Złoty.
10	– Nie wiem, ______________ jest tu dyrektorem. – Pan Andrzej Krok.
11	– Nie wiem, ______________ robisz zazwyczaj w wolnym czasie. – Często chodzę do fitness klubu.
12	– Nie wiem, ______________ znasz z mojej grupy. – Znam Marię i Marka.
13	– Nie wiem, ______________ to znaczy po polsku. – Ja też nie wiem.
14	– Nie wiem, ______________ ona ma problemy w szkole. – Bo się nic w domu nie uczy.
15	– Nie wiem, ______________ będzie obiad. – O trzynastej.
16	– Nie wiem, ______________ kosztuje bilet tramwajowy. – Normalny chyba 2.50 zł, ale nie wiem dokładnie.

20 Kartka z urlopu w Grecji

Complete the vacation postcard with the words given in the box.

Droga mamo i ___*tato*___ [1]!
___ [2] pozdrowienia znad Morza Egejskiego.
Jesteśmy na ___ [3] w ___ [4].
___ [5] w pięknym hotelu nad brzegiem
___ [6].
Pogoda jest ___ [7], ale jest strasznie
___ [8], 35°C!
Codziennie ___ [9] i opalamy się.
Tomek jest już ___ [10] jak czekolada.
Blisko ___ [11] jest dyskoteka, dlatego często
___ [12] przez całą noc.
W weekend byliśmy na ___ [13] w Atenach.
___ [14] Akropol i Muzeum Archeologiczne.
W piątek chcemy iść na wieczór ___ [15].
Będzie typowe greckie ___ [16] i będziemy
tańczyć greckie tańce.
___ [17] do domu w sobotę.
___ [18] Was mocno.
Tomek i Basia

Sz.P.
J. Z. Burasiowie
ul. Długa 15/4
35-241 Rzeszów
POLSKA

Mieszkamy	brązowy	~~tato~~	Serdeczne	morza	hotelu
urlopie	Grecji	Zwiedziliśmy	tańczymy	wycieczce	grecki
jedzenie	Całujemy	Wracamy	gorąco	pływamy	piękna

21 Czy oni dobrze reagują?

Is the reaction correct ? Decide.

1

TAK ☐ NIE ☑

2

TAK ☐ NIE ☐

3

TAK ☐ NIE ☐

4

TAK ☐ NIE ☐

5

TAK ☐ NIE ☐

6

TAK ☐ NIE ☐

TAK ☐ NIE ☐

TAK ☐ NIE ☐

TAK ☐ NIE ☐

TAK ☐ NIE ☐

TAK ☐ NIE ☐

TAK ☐ NIE ☐

22 On / ona jest chirurgiem

A **Match the pictures to the words.**

1

2

3
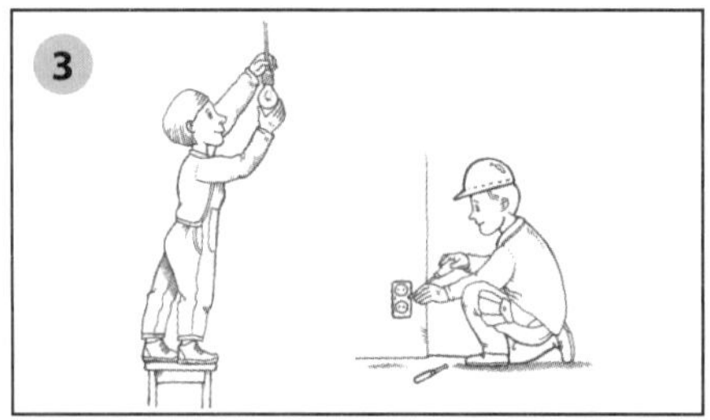

4

5

6

7

8

9

10

12

__1__ bankowiec	____ polityk	____ sportowiec	____ elektryk
____ fotograf	____ informatyk	____ chirurg	____ mechanik
____ muzyk	____ kierowca	____ weterynarz	____ inżynier

B Solve the crossword. Put the letters from the shaded spaces in the space provided to form another profession.

Poziomo:
~~3. robi zdjęcia~~
4. gra w orkiestrze lub solo
7. pracuje w banku
8. operuje ludzi
9. leczy chore zwierzęta, np. psy, koty, chomiki
10. „lubi" elektryczność

Pionowo:
1. profesjonalnie uprawia sport
2. dyskutuje, agituje, protestuje, propaguje
5. jeździ zawodowo samochodem
6. SOS dla komputera

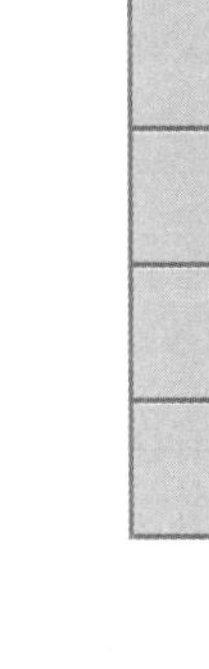

Did you know? In Polish language many professions have their female counterparts, e.g. *aktor-aktorka* (actor-actress), however in some cases there is one form for both men and women, e.g. *chirurg* (surgeon), *On jest chirurgiem. Ona jest chirurgiem.* (He is a surgeon. She is a surgeon.)

23 Dom

A **Match the numbers in the picture to the words.**

_1_ strych	____ sypialnia	____ kuchnia
____ łazienka	____ pokój dziecka	____ toaleta
____ garaż	____ taras	____ balkon
____ piwnica	____ salon	

B **Solve the crossword.**

Poziomo:

3. tam śpimy
6. tam najczęściej stoi telewizor
7. tam bierzemy prysznic
9. tam stoi samochód
10. solo lub z łazienką

Pionowo:

1. duży balkon
2. pod domem, poziom -1
4. inaczej korytarz
5. mały taras
8. pod dachem

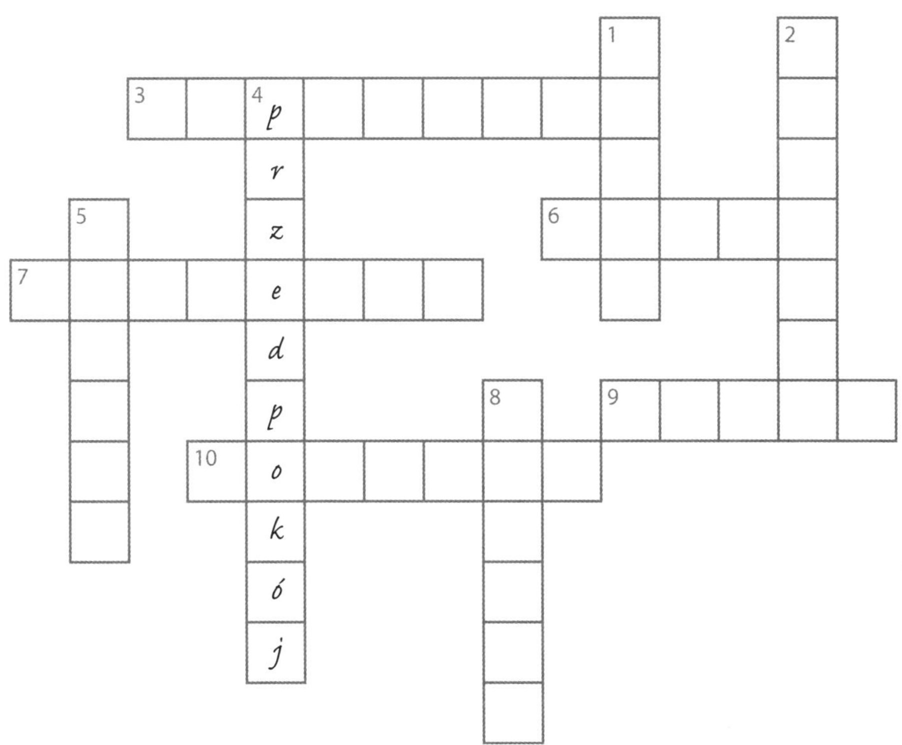

24 Oni marzą o...

Complete the sentences with expressions below.

1 Ona marzy o *nowych butach* ______.

2 Oni marzą o ______ ______.

3 Oni marzą o ______ ______.

4 On marzy o ______ ______.

5 Oni marzą o ______ ______.

6 Ona marzy o ______ ______.

7

Oni marzą o ______________________

______________________.

8

On marzy o ______________________

______________________.

9

On marzy o ______________________

______________________.

10

Oni marzą o ______________________

______________________.

11

Oni marzą o ______________________

______________________.

12

On marzy o ______________________

______________________.

a	zimnym piwie
b	domu z ogrodem
c	lodach czekoladowych
d	weekendzie w Paryżu
e	romantycznej kolacji przy świecach
f	psie

g	urlopie w Egipcie
h	nowym iPodzie
i	superszybkim samochodzie
j	dziecku
k	rowerze górskim
l	~~nowych butach~~

25 Komplementy

Find the correct responses.

KOMPLEMENTY			REAKCJE
Pan zawsze jest taki miły.	1	a	Głos? Cieszę się, że się panu podoba.
Pani ma bardzo sympatyczny głos.	2	b	Jestem urodzonym optymistą. Nigdy nie jestem smutny.
Ty każdego dnia masz dobry humor. Jak to robisz?	3	c	Pani też jest bardzo miła.
Dziękuję za pomoc. Jest pan bardzo uprzejmy.	4	d	Pani też się nigdy nie spóźnia.
Pan jest zawsze bardzo punktualny.	5	e	Bardzo proszę. To moja praca.
Pani bardzo dobrze mówi po polsku.	6	f	Dziękuję, uczę się intensywnie.
Ładnie dziś wyglądasz.	7	g	No, dzięki. To moje ulubione dżinsy. Niezłe, nie?
Pani syn jest najlepszym uczniem w klasie.	8	h	Dziękuję, kupiłam ten płaszcz ostatnio, w Galerii Centrum.
Masz bardzo ładny płaszcz. To najmodniejszy kolor w tym sezonie.	9	i	Miło mi to słyszeć. To dobre dziecko.
Ale masz świetne dżinsy!	10	j	Dziś??? Ja zawsze ładnie wyglądam ☺.

26 Gdzie?

Match the prepositions to the pictures.

1 między

2 ....

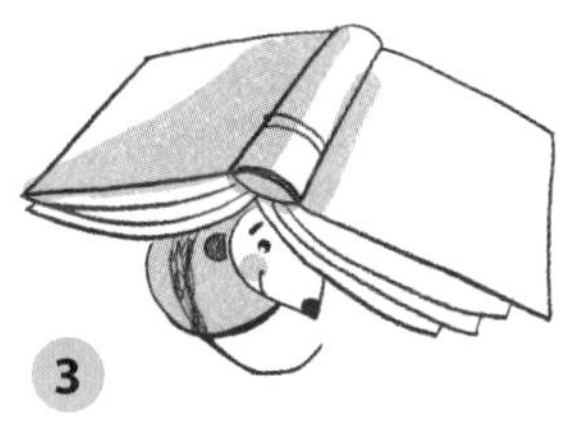

3 ....

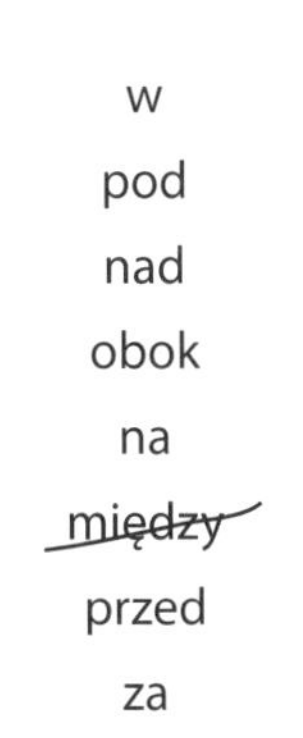

w
pod
nad
obok
na
~~między~~
przed
za

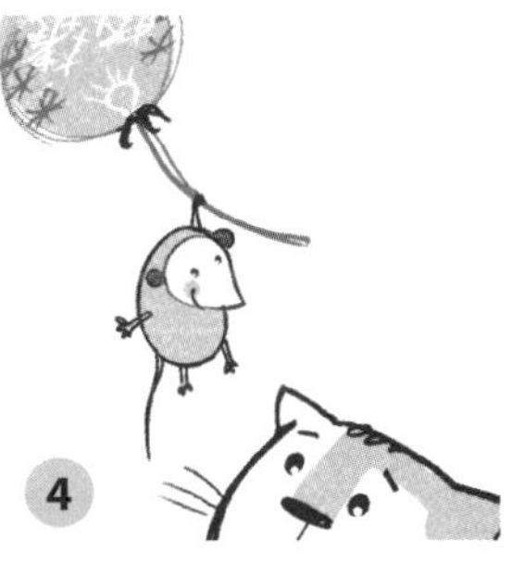

4 ....

5 ....

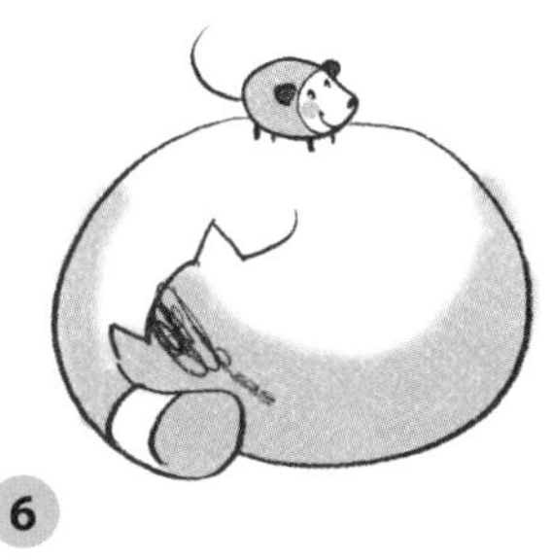

6 ....

7 ....

8 ....

27 Prognoza pogody

A Match the maps to the forecasts.

1			
Prognoza pogody na czwartek. Rano w całej Polsce mgła. Na północy w ciągu dnia dużo słońca. Na południu deszczowo. Na wschodzie lekkie zachmurzenie bez opadów. W całej Polsce temperatura pięć °C.	Prognoza pogody na jutro. Temperatura: na południu minus dwa °C, na północy minus osiem °C. Rano na wschodzie duże zachmurzenie, ale w ciągu dnia słonecznie. Na południu będzie cały dzień świecić słońce. Wieczorem na północy zacznie padać śnieg. W nocy opady śniegu już w całej Polsce.	Prognoza pogody na dziś. Dzisiaj na północy będzie padał deszcz ze śniegiem. Temperatura zero °C. Wieczorem temperatura może spaść do minus trzech °C. Uwaga kierowcy! Miejscami gołoledź. W centrum i na południu kraju cały dzień słonecznie. Dodatnie temperatury. Na zachodzie duże opady śniegu, silny wiatr północno-zachodni. Temperatura około zera °C.	Prognoza pogody na weekend. Prawie w całej Polsce czeka nas słoneczny weekend. Deszcz będzie padać tylko na południu Polski przy temperaturze dwadzieścia °C. Na północy w sobotę cały dzień słonecznie i gorąco. W niedzielę mogą pojawić się wieczorem burze. Temperatura do trzydziestu pięciu °C. W niedzielę będzie wiał na zachodzie silny wiatr. Na wschodzie cały weekend słońce. Życzymy państwu miłego weekendu.

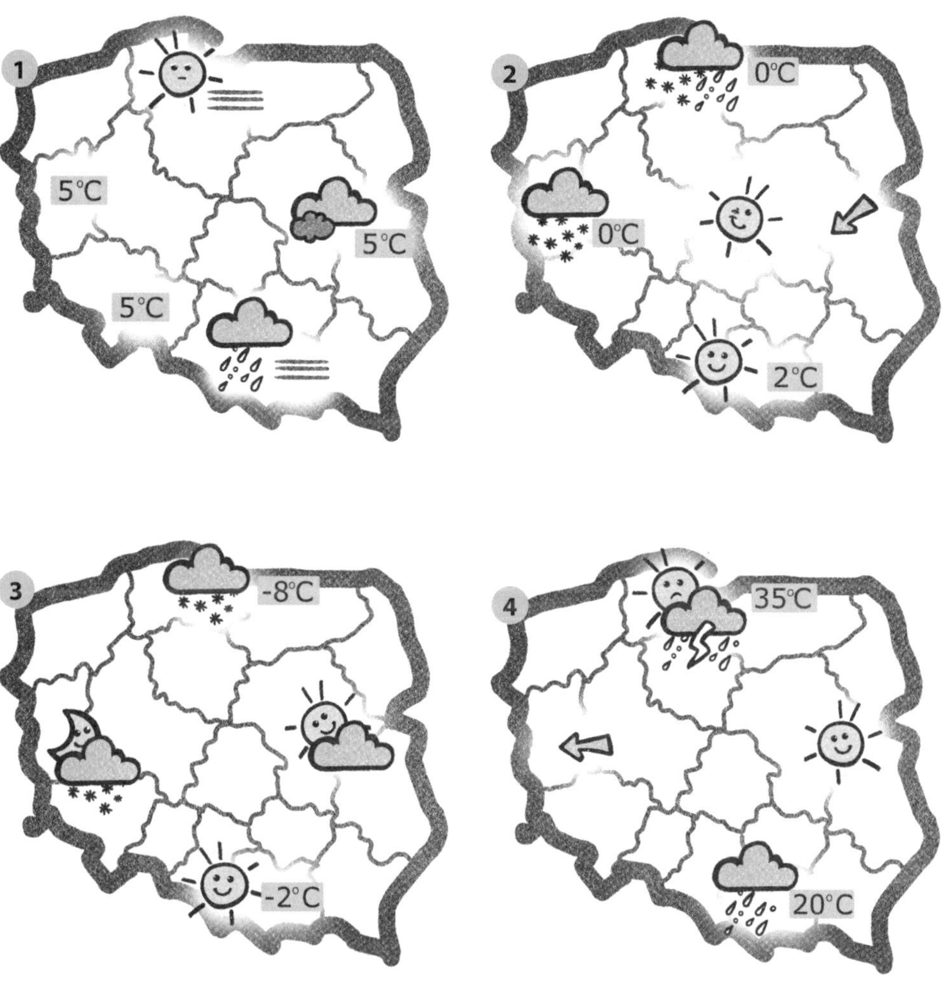

B **This weather forecast has a mistake in every sentence. Find and correct them.**

1. ~~Propaganda~~ pogody na jutro. ....prognoza........
2. Na północy będzie cały czas świecić słownik. ....
3. Będzie też wiać silny śnieg. ....
4. Na wschodzie temperatura trzydzieści °C. Będzie bardzo mroźno. ....
5. Na zachodzie umiarkowane zakupy. ....
6. Cały dzień truskawka minusowa, -15 °C . ...

28 Kto ma dzisiaj imieniny?

A Put K for *kobieta* (woman) in the calendar if it is female's nameday or M for *mężczyzna* (man) if it is male's nameday.

1 maja poniedziałek	imieniny: Jakuba _M_, Magdaleny _K_
2 maja wtorek	imieniny: Zygmunta ____, Filipa ____
3 maja środa	imieniny: Marii ____, Joanny ____
4 maja czwartek	imieniny: Moniki ____, Jana ____
5 maja piątek	imieniny: Waldemara ____, Aleksandra ____
6 maja sobota	imieniny: Judyty ____, Benedykta ____
7 maja niedziela	imieniny: Piotra ____, Małgorzaty ____

B Write the names from the calendar in their basic form (nominative).

1 maja	2 maja	3 maja	4 maja	5 maja	6 maja	7 maja
Jakub Magdalena						

Did you know? In Polish calendars you can often find whose nameday it is on a certain day. The names given in the calendar are in the genitive case. As a result almost all male names end in *–a*, while female names in *-i* or *-y*.

29 Lekarz, konduktor, dentysta...

Match the beginnings given in the box to the endings. Form the professions shown in the pictures.

fryzj-	lek-	kierow-	kondukt-	mechan-	weteryn-
urzędn-	keln-	pian-	dent-	~~akt-~~	sprzedaw-

1. *akt*or

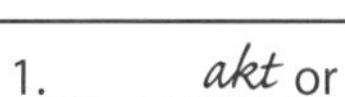

2. ________or

3. ________arz

4. ________arz

5. ________ysta

6. ________ista

7. ________ca

8. ________ca

9. ________ik

10. ________ik

11. ________er

12. ________er

30 Co oni mówią?

Complete the dialogues with the expressions given below.

Nie, dziękuję. To wszystko.	Nie, zajęte. Ale ja jestem wolny.
Nie, ulgowy.	Nie ma za co.
Nie mam zegarka.	Bardzo mi miło. Wesołowski.
Nic nie szkodzi.	~~Nawzajem.~~
Nie, to sala dla niepalących.	Na zdrowie.

Czy to miejsce jest wolne?
5
Czy można prosić popielniczkę?
6
7
Nazywam się Bartłomiej Mruk.
Jaki bilet? Normalny?
8
9
Czy coś jeszcze?
Która jest godzina?
10

31 Szafa, szympans, szuflada...

Complete the words starting with *sz*.

~~-afa~~	-alik	-uflada	-lafrok	-ynka	-czoteczka	-achy
-ampan	-koła	-klanka	-minka	-ampon	-yja	-ympans

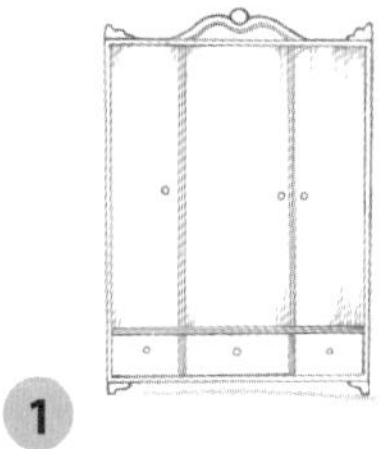

1 sz.afa.....................

2 sz...........................

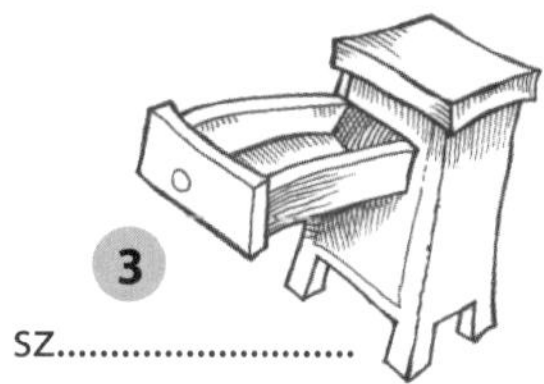

3 sz...........................

4 sz...........................

5 sz...........................

6 sz...........................

7 sz...........................

8 sz...........................

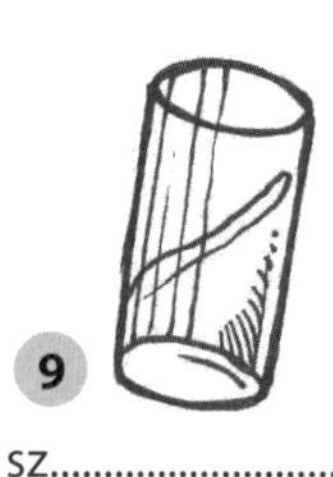

9 sz...........................

10 sz...........................

11 sz...........................

12 sz...........................

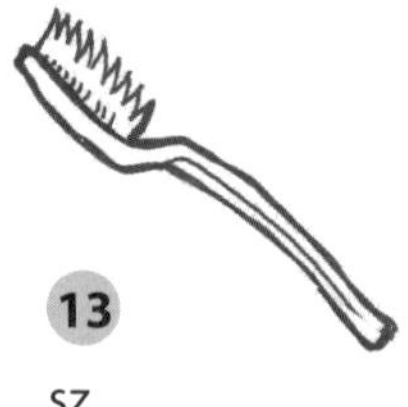

13 sz...........................

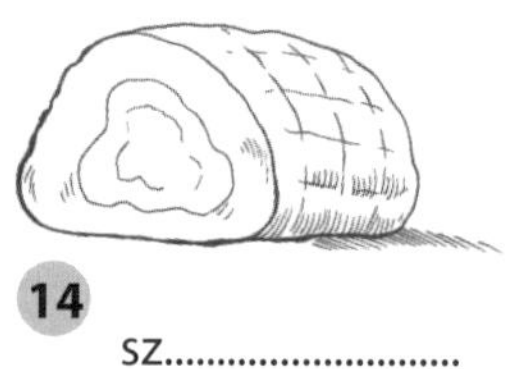

14 sz...........................

32 Wszystkiego najlepszego!

What occasion were these cards written on?

urodziny	~~Boże Narodzenie~~	pozdrowienia z urlopu		
narodziny dziecka	Wielkanoc	imieniny	ślub	zdany egzamin

A *Boże Narodzenie*

Zdrowych, spokojnych Świąt
w gronie rodziny. Dużo
prezentów pod choinką
życzy
Dzidka z mężem

B ____________________

Radosnych Świąt
Zmartwychwstania
Chrystusa, smacznego jajka
i mokrego śmigusa-dyngusa
życzą Bulandowie

C ____________________

Kochani, sto lat razem!
Na wspólną drogę życia dużo
miłości, zdrowia
i szczęścia.
Ciocia Ilonka

D ____________________

Cieszymy się, że rodzina jest już
w komplecie. Serdecznie
gratulujemy z okazji narodzin
syna. Na pewno będzie przystojny,
inteligentny, wesoły i zdrowy jak
rodzice. Prosimy o informację, jak
będzie miał na imię.
Pozdrawiamy
Mirek i Grażyna

E ____________________

Na kolejny rok życia sukcesów
w życiu prywatnym
i zawodowym
życzą
Marek i Natalia

F ____________________

W dniu imienin wszystkiego
najlepszego.
Staszek z rodzinką

G ____________________

Hurra, gratulujemy, że zostałeś
MAGISTREM. Mamy nadzieję, że
masz teraz wolne wieczory i nie
musisz się już tak dużo uczyć.
Kiedy następny egzamin i tytuł
DOKTORA?
Dziadkowie

H ____________________

Pozdrawiamy ze stolicy sportów
zimowych. Wszędzie dużo
śniegu, w górach lawiny, dlatego
nie jeździmy na nartach, tylko
siedzimy w restauracji i pijemy
herbatę z rumem.
Kupiłyśmy Wam oscypki.
Jutro wracamy do domu.
Całujemy
Agnieszka i Klaudia

33 Skąd oni są? Co oni lubią?

Complete the sentences with expressions from boxes A and B.

A

z Anglii z Niemiec z Hiszpanii z Ameryki
~~z Polski~~ z Grecji z Włoch z Rosji z Francji z Austrii

B

~~włoską pizzę~~ polskie pierogi angielską herbatę greckie oliwki
rosyjską wódkę amerykański futbol holenderski ser
hiszpańską corridę niemieckie piwo austriackie Alpy

1

Andrzej jest *z Polski*, ale lubi *włoską pizzę*.

2

Tom jest ______________________, ale lubi ______________________.

3

Kevin jest ______________________, ale lubi ______________________.

4

Katja jest ______________________, ale lubi ______________________.

5

Carmen jest

__________________,

ale lubi

__________________.

6

Bernhard jest

__________________,

ale lubi

__________________.

7

Pierre jest

__________________,

ale lubi

__________________.

8

Nicos jest

__________________,

ale lubi

__________________.

9

Ralf jest

__________________,

ale lubi

__________________.

10

Paolo jest

__________________,

ale lubi

__________________.

Did you know? Preposition ***z*** in a sentence *On jest z Polski.* (He is from Poland.) is followed by a noun in the genitive. The majority of countries in Polish have a female form, e.g. *Francja, Austria, Polska* (France, Austria, Poland) which means that in genitive case they end in ***-i***, e.g. *z Francji, z Austrii, z Polski* (from France, from Austria, from Poland).

34 Bartek był całe życie szczęśliwy

Complete the sentences with the verbs from the box. Use past tense.

spotykać się	jeździć	myć
pracować	~~spać~~	kochać
pomagać	chodzić	palić
kłócić się	ćwiczyć	jeść
pić	pracować	śpiewać

1 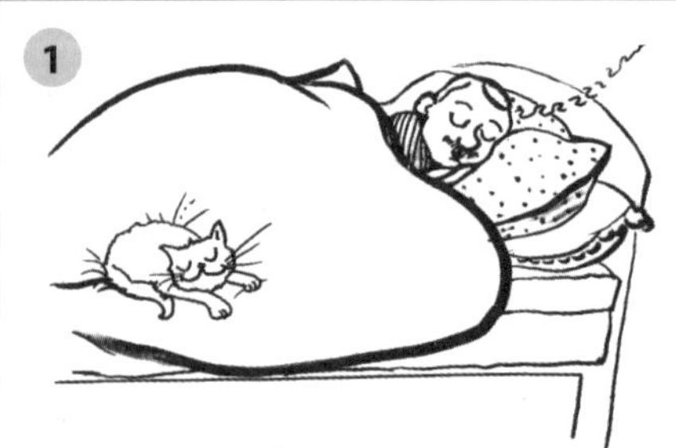

Bartek całe życie dużo _s_ _p_ _a_ _ł_.

2 

Regularnie _ _ _ _ _ _ _ _ _ _.

3 

Trzy razy dziennie _ _ _ _
coś smacznego.

4 

Od czasu do czasu _ _ _ małe piwo.

5 

Często _ _ _ _ _ _ _ _ _ _ _ _ _
z kolegami.

6

Dwa razy w roku _ _ _ _ _ _ _ _ _
na urlop.

7. Dwa razy dziennie _ _ _ zęby.

8. Całe życie _ _ _ _ _ _ _ żonę i dzieci.

9. Nie za dużo _ _ _ _ _ _ _ _ _ _.

10. Zawsze _ _ _ _ _ _ _ _ pod prysznicem.

11. _ _ _ _ _ _ _ _ innym.

12. W każdy weekend _ _ _ _ _ _ _ _ na ryby.

13. Rzadko _ _ _ _ _.

14. Nigdy nie _ _ _ _ _ _ _ _ _ _.

35 Jestem z Polski

A **Choose the right preposition.**

1	Sophie ma piękny dom	**z** (**w**)	Austrii.
2	Oni mieszkają już 5 lat	**z w**	Hiszpanii.
3	Czy on pochodzi	**z w**	Danii?
4	Wolfgang jest na urlopie	**z w**	Portugalii.
5	Carmen pracuje jako modelka	**z w**	Japonii.
6	Jak długo mieszkałeś	**z w**	Holandii?
7	Klaus był na kursie językowym	**z w**	Anglii.
8	To jest prezent	**z w**	Rosji.
9	On mieszka w Polsce, ale pochodzi	**z w**	Finlandii.
10	Moja koleżanka przyjechała wczoraj	**z w**	Belgii.
11	Mariusz jest na nartach	**z w**	Szwajcarii.
12	To są daktyle	**z w**	Tunezji.
13	Przywiozłam piękny szal	**z w**	Turcji.
14	Widziałem noc polarną	**z w**	Szwecji.
15	Czy byłeś kiedyś	**z w**	Irlandii?

B **Underline the right form.**

1	Mój chłopak jest z	Polsce / Polski.
2	Hamburg leży w	Niemczech / Niemiec.
3	Jestem z	Ameryce / Ameryki.
4	Iwanka pochodzi z	Czechach / Czech.
5	Czy byłeś kiedyś we	Włoszech / Włoch?
6	Jak długo mieszkałeś w	Stanach / Stanów?

Did you know? Preposition ***z*** (when meaning from) is followed by genitive form, e.g. *z Polski* and preposition ***w*** is followed by the locative, e.g. *w Polsce*. Names of countries ending with ***-ia*** and ***-ja***, e.g. *Austria, Rosja* (Austria, Russia), have the same ending in the genitive and the locative ***-i***, e.g. *z Austrii / w Austrii, z Rosji / w Rosji* (from Austria / in Austria, from Russia / in Russia).

36 Kuchnia

Match the numbers in the picture to the words.

_12_ kuchenka	____ piekarnik
____ czajnik elektryczny	____ kosz na śmieci
____ lodówka	____ płyn do mycia naczyń
____ stół	____ szafka
____ krzesło	____ ekspres do kawy
____ zlew	____ kuchenka mikrofalowa

37 Jaka to kategoria?

Which is the odd one out in each list? Choose a category for each list from the box.

wędliny	warzywa	miasta	alkohole	~~liczby~~	państwa	zwierzęta
pory roku	meble	pory dnia	kolory	pieczywo	dni tygodnia	miesiące

1	jeden, ~~czerwony~~, dziesięć, sto, siedem	*liczby*
2	niebieski, poniedziałek, wtorek, środa, niedziela	
3	styczeń, wczoraj, luty, czerwiec, listopad	
4	pies, chomik, kiełbasa, kot, kanarek	
5	pomidory, ziemniaki, brokuły, ogórki, rower	
6	ser, rano, przed południem, noc, wieczór	
7	czerwony, wrzesień, zielony, biały, żółty	
8	wino, piwo, herbata, likier, wódka	
9	zima, wiosna, deszcz, lato, jesień	
10	bułki, chleb, mleko, ciabata, bagietki	
11	szafa, szynka, kiełbasa, kabanosy, salami	
12	Praga, Paryż, Madryt, Warszawa, Niemcy	
13	Włochy, Wisła, Węgry, Portugalia, Dania	
14	stół, szafa, sobota, fotel, regał	

38 Amelia gra na gitarze

A **Match the pictures to the words.**

_1_ trąbka	___ perkusja	___ bęben
___ pianino	___ puzon	___ skrzypce
___ fortepian	___ tamburino	___ organy elektryczne
___ gitara	___ kontrabas	___ flet

Natalia

Adam

Tomasz

Amelia

Fryderyk

Marek

Martyna

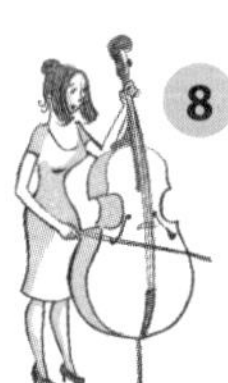
Urszula

Piotr

Paweł

Klaudia

Robert

B **Complete the names of instruments in locative form. Look at the words in exercise A.**

1. Natalia gra na _t_ _r_ _ą_ _b_ ce.
2. Adam gra na _ _ _ _ _ _ie.
3. Tomasz gra na _ _ _ _ _ _ _i.
4. Amelia gra na _ _ _ _ rze.
5. Fryderyk gra na _ _ _ _ _ _ _ _ _ie.
6. Marek gra na _ _ _ _ie.
7. Martyna gra na _ _ _ cie.
8. Urszula gra na _ _ _ _ _ _ _ _ie.
9. Piotr gra na _ _ _ _ _ie.
10. Paweł gra na _ _ _ _ _ _ _ ach.
11. Klaudia gra na _ _ _ _ _ach _ _ _ _ _ _ _ _ _ _ych.
12. Robert gra na _ _ _ _ _ _ _ _ie.

39 Weronika jest wegetarianką

A **Match the words from the box below to the correct pictures.**

ogórki pieczarki cebula kotlety sojowe szynka
pomidory kurczak ~~pasztet~~ kaczka mięso mielone kiełbasa
ziemniaki kapusta banany papryka parówki

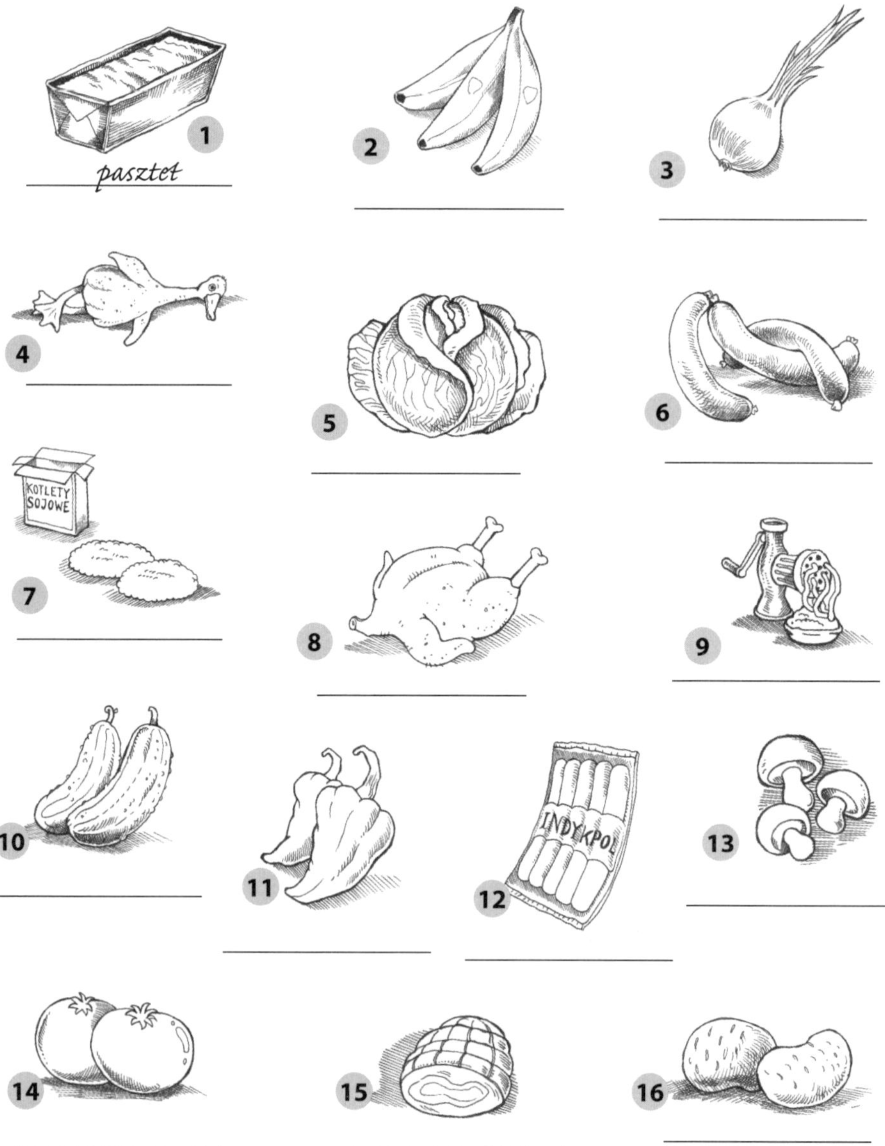

B **Look at the shopping list. Which items are for Weronika and which ones for Michał? Remember – Michał likes to eat meat. Weronika is a vegetarian.**

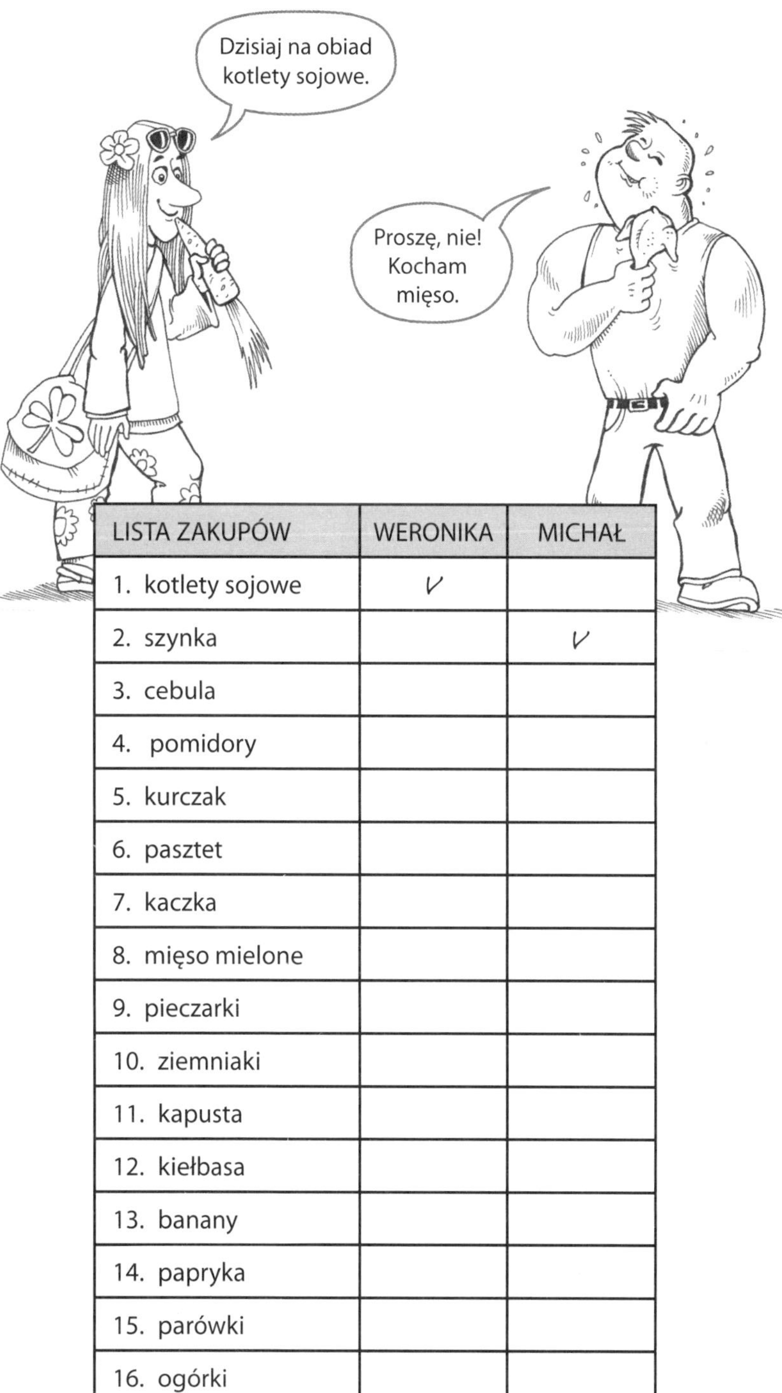

LISTA ZAKUPÓW	WERONIKA	MICHAŁ
1. kotlety sojowe	V	
2. szynka		V
3. cebula		
4. pomidory		
5. kurczak		
6. pasztet		
7. kaczka		
8. mięso mielone		
9. pieczarki		
10. ziemniaki		
11. kapusta		
12. kiełbasa		
13. banany		
14. papryka		
15. parówki		
16. ogórki		

40 Ulubiony..., ulubiona..., ulubione...

Complete the blank spaces with words from the box.

aktor	dzień tygodnia	ciasto	dyscyplina sportu	~~film~~	~~imię~~
kolor	kwiat	książka	miasto	muzyka	nazwisko	owoc
pisarz	pora roku	marka samochodu	wino	zwierzę	

facebook

imię: Grzegorz

__________: Jamka

1	ulubiony	*film*	„Casablanca"
2	ulubiony		Paulo Coelho
3	ulubiony		Jack Nicholson
4	ulubiony		niebieski
5	ulubiony		pomarańcza
6	ulubiony		róża
7	ulubiony		sobota
8	ulubiona		jazz
9	ulubiona		Biblia
10	ulubiona		Toyota
11	ulubiona		boks
12	ulubiona		lato
13	ulubione		sernik
14	ulubione		koń
15	ulubione		Wenecja
16	ulubione		francuskie, czerwone, wytrawne

41 Łazienka

Match the pictures to the words.

_13_ wanna
___ umywalka
___ lustro
___ prysznic
___ ręcznik

___ mydło
___ toaleta
___ waga
___ pralka
___ papier toaletowy

___ szczoteczka do zębów
___ pasta do zębów
___ szampon
___ proszek do prania

42 Ubrania

Match the words to the pictures.

dżinsy garnitur bluzka T-shirt spodnie ~~sukienka~~
marynarka skarpetki spódnica rajstopy buty sportowe
koszula żakiet biustonosz slipy kurtka
figi szpilki stringi krawat sweter

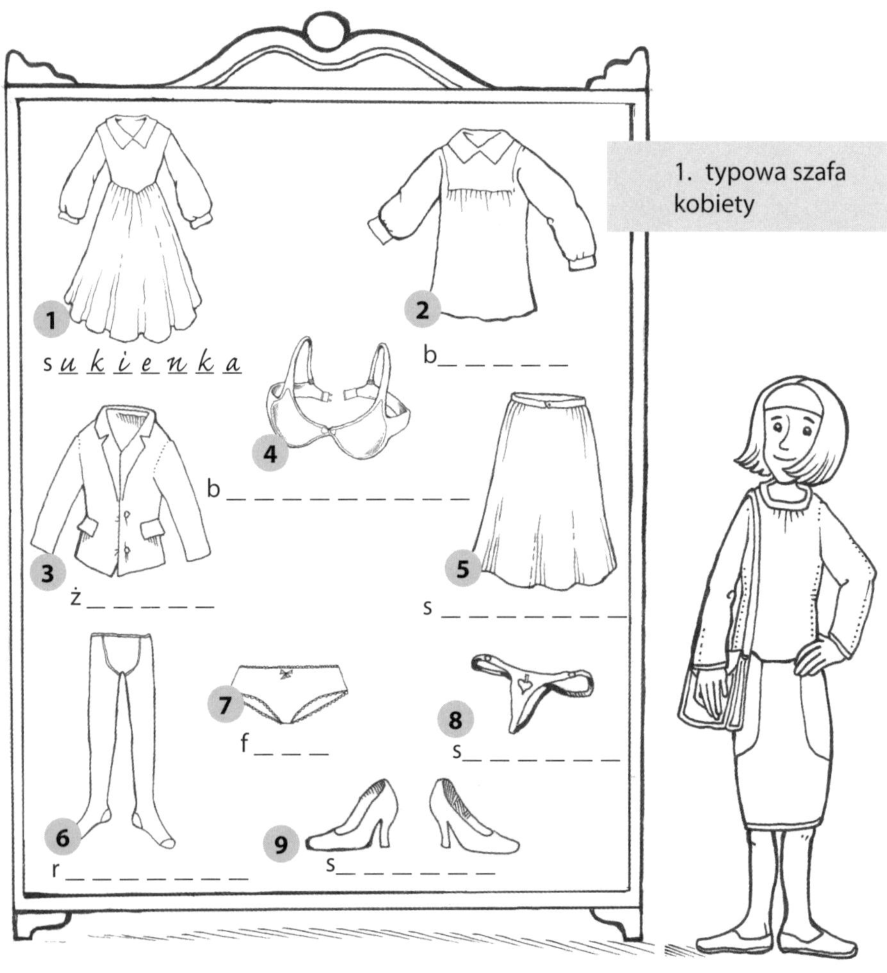

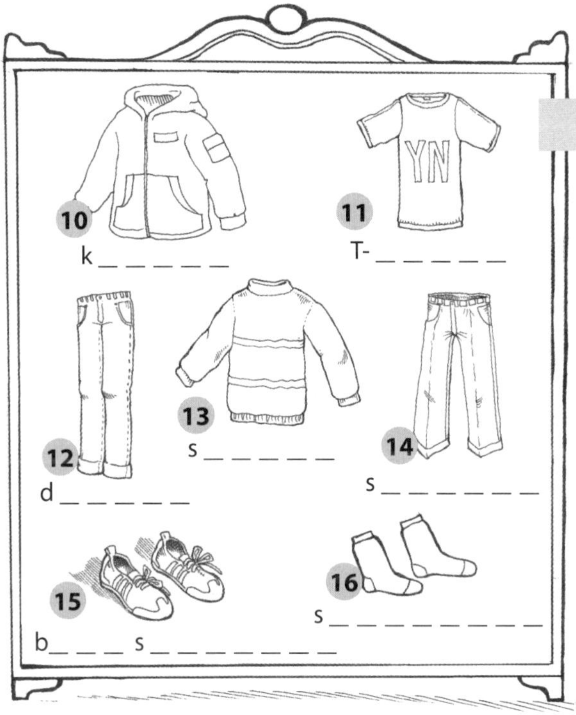

10
k_ _ _ _ _ _ _

11
T-_ _ _ _ _ _ _

2. unisex

12
d_ _ _ _ _ _ _

13
s_ _ _ _ _ _ _

14
s_ _ _ _ _ _ _ _ _

15
b_ _ _ _ s_ _ _ _ _ _ _ _ _ _

16
s_ _ _ _ _ _ _ _ _ _ _ _

3. typowa szafa mężczyzny

17
g_ _ _ _ _ _ _ _ _ _

18
m_ _ _ _ _ _ _ _ _ _ _ _

19
s_ _ _ _ _

20
k_ _ _ _ _ _ _

21
k_ _ _ _ _ _ _ _ _

43 Meble

A **Look at the pictures I and II and mark what you see on the list given.**

MEBLE	OBRAZEK I	OBRAZEK II
szafa	V	
łóżko	V	V
biurko		
fotel		
stół		
krzesło		
dywan		
lampka		
sofa		
regał		
kwiatek		

B **Wordsearch. Find 15 names of objects to be found in a room. → ↓**

B	K	J	O	P	W	R	E	R	D	D	O	L	T
A	S	Z	A	F	A	E	R	S	F	F	K	H	E
F	E	O	L	O	I	G	Z	O	A	G	N	H	L
L	K	B	C	T	R	A	M	F	M	H	O	U	E
B	K	R	Z	E	S	Ł	O	A	P	C	L	T	W
S	U	A	Z	L	T	Ó	L	A	M	P	K	A	I
D	R	Z	W	I	Ó	Ż	K	O	M	O	D	A	Z
D	Y	W	A	N	Ł	K	W	I	A	T	E	K	O
P	Y	B	S	T	F	O	F	A	K	O	P	E	R
B	I	U	R	K	O	R	I	L	U	S	T	R	O

44 Problemy w hotelu

A **Complete the sentences with the expressions from the box below.**

nie ma	nie funkcjonuje	jest

1. Winda _jest_ zepsuta.
2. Toaleta ______________________ .
3. ___________ papieru toaletowego.
4. Klimatyzacja ___________________ .
5. Pokój ___________ nieposprzątany.
6. Pościel ___________ brudna.
7. W pokoju _________ bardzo zimno.
8. _______________ wody.
9. _______________ kawy.
10. _______________ pilota.
11. _______________ poduszki.
12. W pokoju ____________ głośno.

B **Match the sentences from exercise A to the right pictures.**

e

f

g

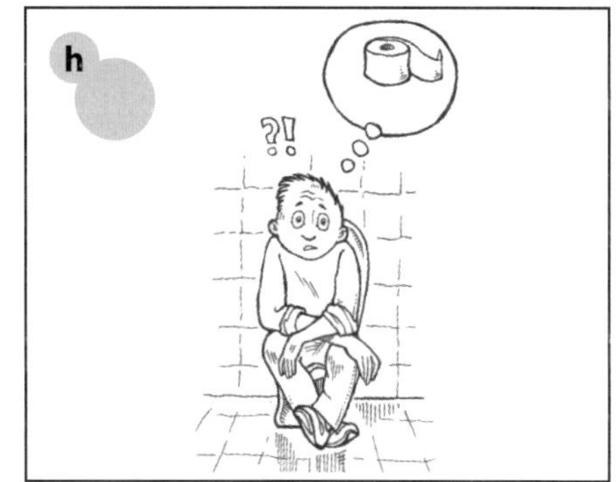
h
?!

i

j

k

l

45 Piękne ciało

A **Match the numbers to the words.**

_1_ głowa	___ nos	___ palec u ręki	___ pośladki
___ oko	___ usta	___ noga	___ palec u nogi
___ ucho	___ brzuch	___ stopa	___ plecy
___ szyja	___ ręka	___ kolano	

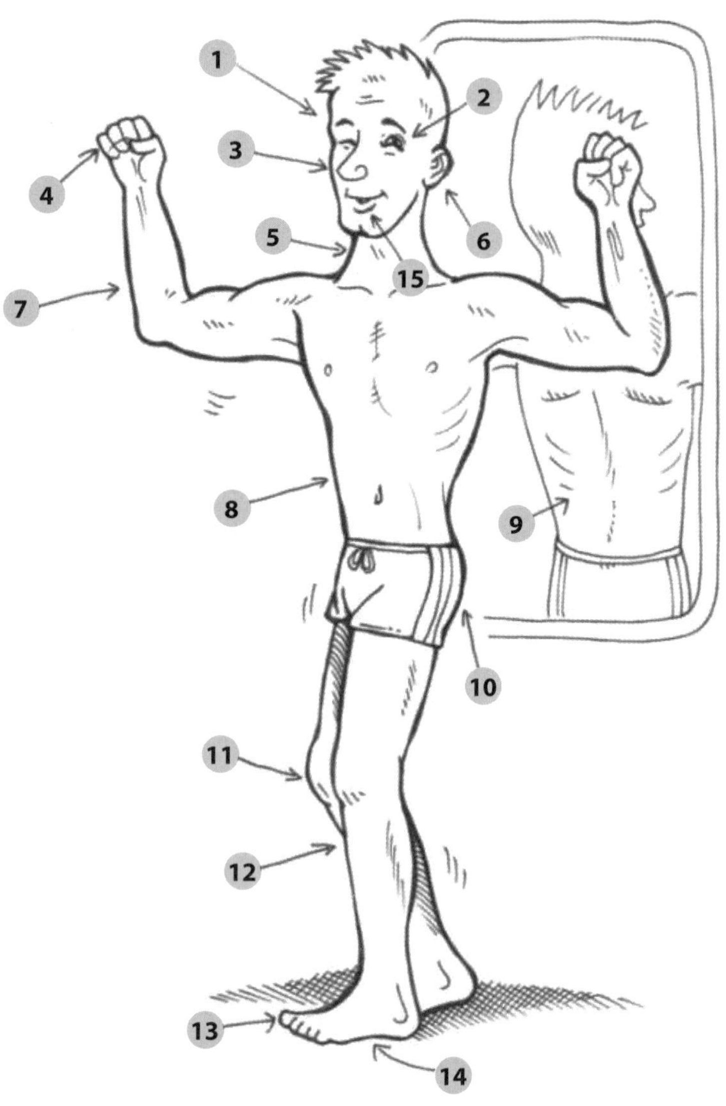

B Write the plural forms.

1. ucho – *uszy*	5. ręka – _ _ c_
2. stopa – _ _ _ _y	6. noga – _ _ _i
3. kolano – _ _ _ _ _a	7. palec – _ _ _ce
4. oko – _cz_	8. pośladek – _ _ _ _ _ _ _ki

C Complete the sentences with expressions from exercise A and B.

1
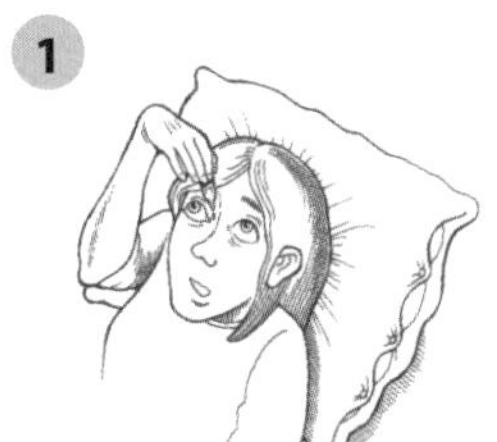
Boli mnie *oko* .

2

Boli mnie __________ .

3

Boli mnie __________ .

4

Bolą mnie __________ .

5

Bolą mnie __________ .

6

Bolą mnie __________ .

7

Boli mnie __________ .

8

Boli mnie __________ .

9
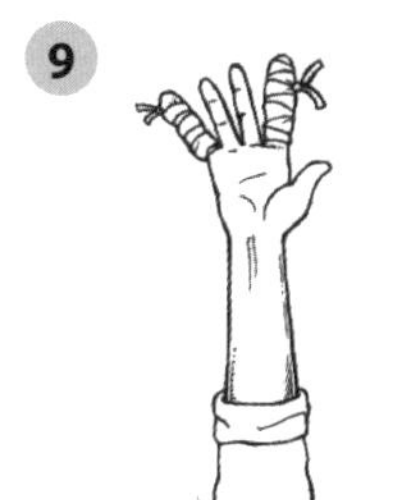
Bolą mnie __________ .

Did you know? To express pain in a certain part of one's body, a sentence *Boli mnie ...głowa...* is the most suitable. When talking about both hands / arms – *ręce*, legs – *nogi* or back – *plecy* (Pluralia Tantum) we say *Bolą mnie ręce/nogi/plecy*.

46 Woda jest... wszędzie

Match the pictures to the words.

_3_ wodospad	___ jezioro	___ staw	___ kałuża
___ fontanna	___ morze	___ basen	___ akwarium
___ rzeka		___ strumyk (górski)	

1
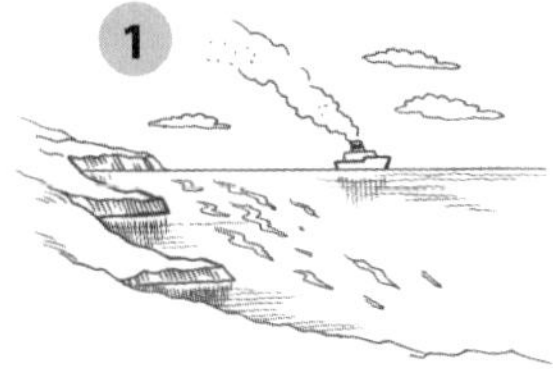

2

3

4

5

6

7

8

9

10
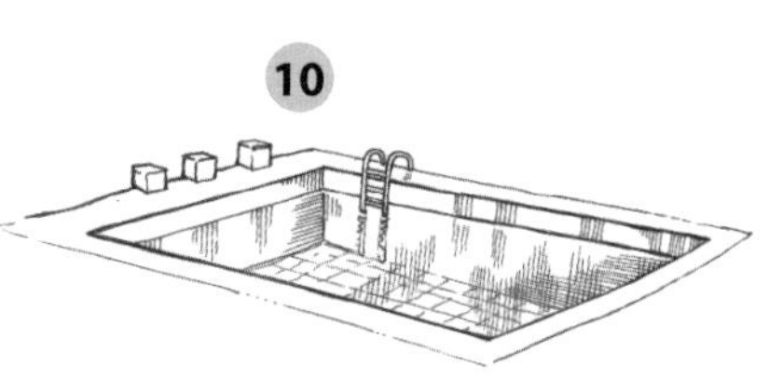

47 Łyżka, widelec, nóż

Match the numbers to the words.

_3_ talerz	___ widelec	___ butelka
___ łyżka	___ ocet	___ serwetka
___ łyżeczka do herbaty	___ nóż	___ kubek
___ oliwa	___ kieliszek do wina	___ filiżanka
___ talerzyk	___ sól	___ pieprz
___ szklanka		___ wykałaczki

48 Jaka jest pogoda?

A Match the numbers of the pictures to the expressions.

_1_ Pada deszcz.
___ Wieje wiatr.
___ Jest mróz, -15 °C.

___ Pada grad.
___ Jest burza.
___ Pada śnieg.

___ Świeci słońce.
___ Jest upał, +35 °C.
___ Jest mgła.
___ Jest duże zachmurzenie.

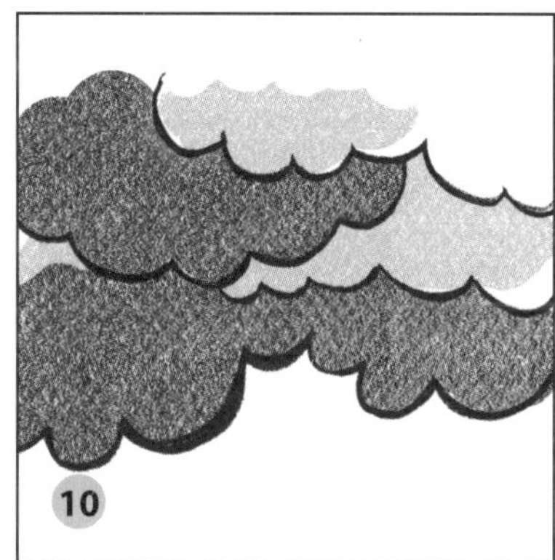

B **Choose the right adverb from the box.**

1	zachmurzenie	Jest *pochmurno* .
2	słońce	Jest ____________ .
3	deszcz	Jest ____________ .
4	mgła	Jest ____________ .
5	burza	Jest ____________ .
6	mróz	Jest ____________ .
7	wiatr	Jest ____________ .

deszczowo
burzowo
mgliście
mroźno
słonecznie
wietrznie
~~pochmurno~~

C **Underline a word to make a meaningful expression.**

1. Wieje / Świeci wiatr.
2. Jest upał / mróz, -20°C.
3. Pada grad / wiatr.
4. Wieje / Świeci słońce.
5. Pada / Wieje śnieg.
6. Świeci / Jest mgła.

49 Rodzina. Kto jest kim?

A **Who says that? Mark with V who from the Kowalski family says a given sentence.**

KTO TO MÓWI?	MAMA TERESA KOWALSKA Z DOMU NOWAK	TATA TADEUSZ KOWALSKI	CÓRKA LAURA KOWALSKA	BABCIA STANISŁAWA NOWAK- MATKA TERESY	DZIADEK HENRYK KOWALSKI- OJCIEC TADEUSZA
1. Mam czternaście lat i chodzę do gimnazjum.			V		
2. Mój mąż Tadek zawsze w sobotę gra z kolegami w brydża.					
3. Mój ojciec Henryk jest emerytem.					
4. Moi rodzice dużo pracują.					
5. Moja mama, a babcia Laury, już nie pracuje i mieszka razem z nami.					
6. Mam trzydzieści pięć lat i jestem z zawodu dentystą. Moja żona Teresa ma trzydzieści siedem lat.					
7. Mój teść Henryk mieszka sam.					
8. Moja wnuczka Laura jest bardzo inteligentną dziewczynką.					
9. Moja córka Teresa jest z zawodu inżynierem.					
10. Mój dziadek Henryk jest bardzo fajny. Chodzi ze mną na basen i uczy mnie pływać.					
11. Córka mojej córki, moja wnuczka Laura, bardzo lubi sernik.					
12. Moja żona nie żyje. Emilia była przez całe życie gospodynią domową.					
13. Moja teściowa gotuje nam obiady. Jest wspaniałą kucharką. Jej ruskie pierogi to poezja.					
14. Mój zięć ma prywatny gabinet dentystyczny w domu.					
15. Mój mąż Jan nie żyje. Jan był z zawodu piekarzem.					
16. Teść mojej córki lubi pracować w ogrodzie.					
17. Moja synowa pięknie śpiewa.					
18. Moja córka chce być dentystką, tak jak jej ojciec.					

B Answer the questions.

a) Kto w rodzinie Kowalskich lubi sernik?

....

b) Kim jest z zawodu Teresa Kowalska?

....

c) Ile lat ma Laura?

....

d) Gdzie Tadeusz ma gabinet dentystyczny?

....

e) Kto mieszka sam?

....

C Underline the right definition.

1. **babcia** to – **a.** matka mojej matki lub mojego ojca **b.** brat mojego ojca **c.** siostra mojej matki lub mojego ojca
2. **dziadek** to – **a.** brat mojej matki **b.** ojciec mojej matki lub mojego ojca **c.** matka mojej matki lub mojego ojca
3. **wnuczka** to – **a.** syn mojej córki lub mojego syna **b.** córka mojej córki lub mojego syna **c.** syn mojej koleżanki
4. **wnuczek** to – **a.** syn mojej córki lub mojego syna **b.** córka mojej córki **c.** matka mojego męża
5. **zięć** to – **a.** mąż mojej córki **b.** ojciec mojej matki lub mojego ojca **c.** syn mojej córki
6. **synowa** to – **a.** matka mojej żony lub mojego męża **b.** córka mojej córki **c.** żona mojego syna
7. **teść** to – **a.** ojciec mojej matki lub mojego ojca **b.** brat mojego męża **c.** ojciec mojej żony lub mojego męża
8. **teściowa** to – **a.** matka mojej żony lub mojego męża **b.** siostra mojego męża **c.** córka mojej siostry

! **Did you know?** Diminutive forms of *matka* (mother) – *mama, mamusia* (mum, mummy) and *ojciec* (father) – *tata(o), tatuś* (dad, daddy) are usually used in less formal contexts such as at home. Similarly we have *ciotka* (aunt) – *ciocia* (auntie), *babka* (grandmother) – *babcia* (grandma).

50 Niemiec, Hiszpanka, Anglik

Solve the crossword.

4. Hiszpanka

Poziomo:

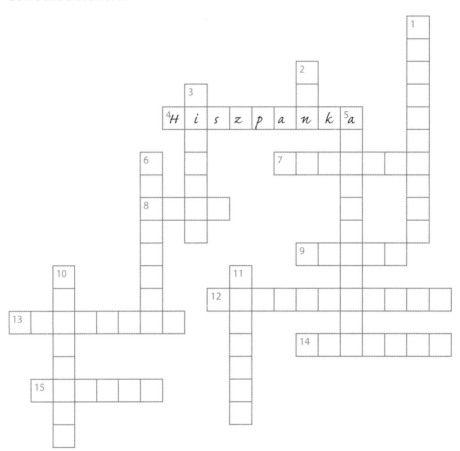

4. kobieta z Hiszpanii to...
7. kobieta z Włoch to...
8. mężczyzna z Grecji to...
9. mężczyzna z Polski to...
12. mężczyzna z Europy to...
13. mężczyzna z Austrii to...
14. mężczyzna z Francji to...
15. mężczyzna z Anglii to...

Pionowo:

1. kobieta z Ameryki to...
2. mężczyzna z Finlandii to...
3. mężczyzna z Niemiec to...
5. kobieta z Australii to...
6. kobieta z Anglii to...
10. kobieta z Rosji to...
11. mężczyzna z Danii to...

Did you know? In Polish names of countries and nationalities are written beginning with capital letters, e.g. *Polska, Polak, Polka*.

51 Ulica

Match the pictures to the words.

7 rondo	___ skrzyżowanie	___ chodnik
___ tramwaj	___ taksówka	___ metro
___ ulica	___ motocykl	___ kosz na śmieci
___ autobus	___ rower	
___ samochód	___ przystanek tramwajowy	

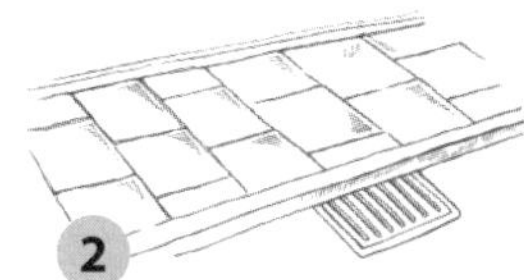
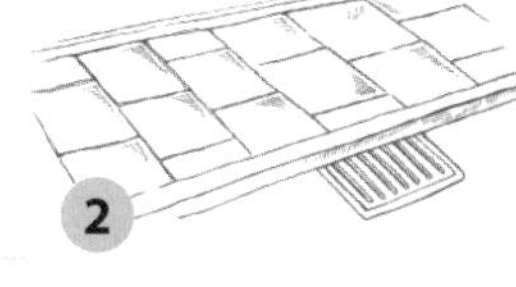

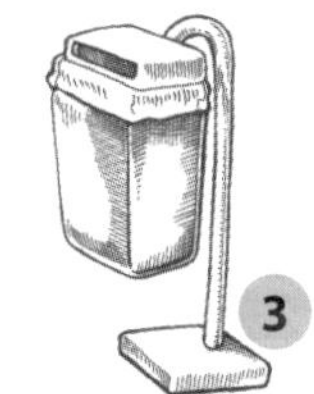

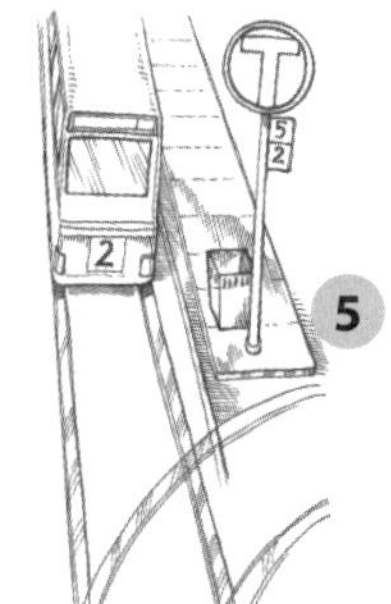

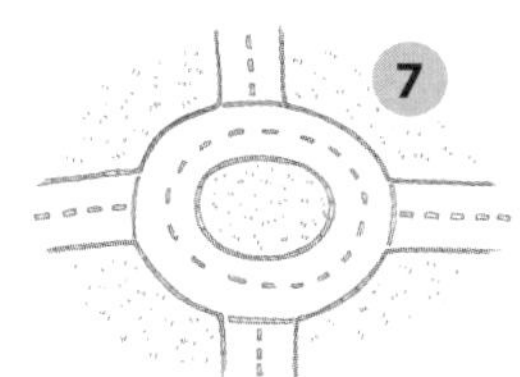

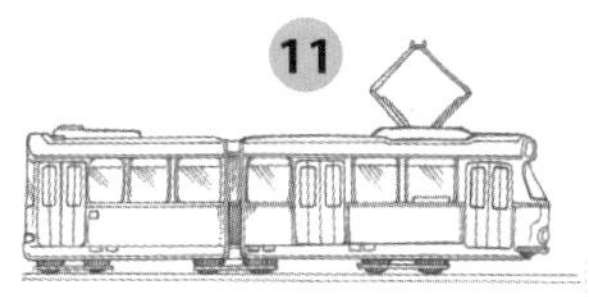

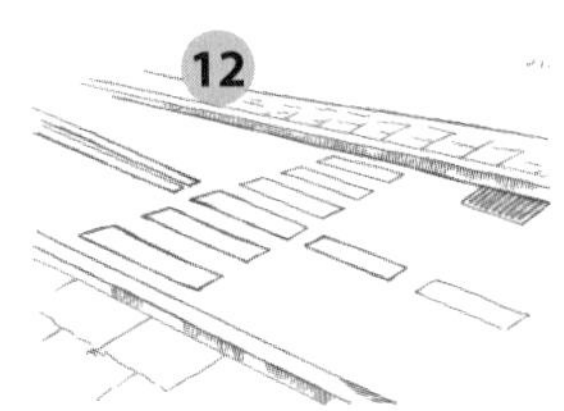

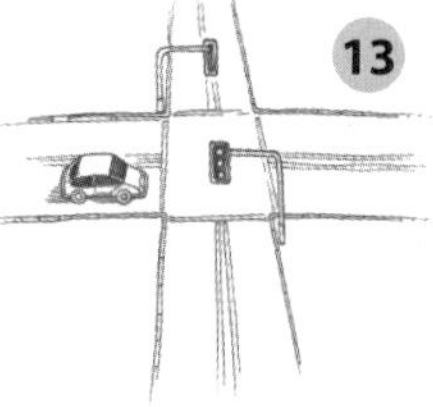

52 Miłego weekendu!

What would you say in these situations? Match the situations to the phrases.

	SYTUACJA
1	Twoja koleżanka ma urodziny. (....h...)
2	Szef jedzie pociągiem w podróż służbową. (..........)
3	Jedziesz samochodem do Berlina. Twój sąsiad życzy ci... (..........)
4	Twoja koleżanka idzie od jutra na urlop. (..........)
5	Twój brat idzie na imprezę. (..........)
6	Twój kolega jest chory. (..........)
7	Razem z kolegami pijecie drinka. (..........)
8	Na Święta Wielkanocne możesz dostać kartkę z życzeniami... (..........)
9	Jest piątek. Kończysz pracę i życzysz wszystkim... (..........)
10	Ty pracujesz , on pracuje. Wszyscy pracują, więc... (..........)
11	Jest ostatni dzień starego roku, godzina 23.55. Za pięć minut wszyscy złożą sobie życzenia... (..........)
12	Twój kolega ma katar. Aaapsik! Życzysz mu... (..........)
13	Twój team zaczyna nowy projekt. Szef życzy wam... (..........)

	REAKCJA
a	Miłego weekendu!
b	Szybkiego powrotu do zdrowia.
c	Szerokiej drogi!
d	Miłej pracy.
e	Powodzenia. Dużo sukcesów!
f	Dobrej zabawy!
g	Miłego urlopu!
h	Wszystkiego najlepszego z okazji urodzin!
i	Szczęśliwej podróży!
j	Szczęśliwego Nowego Roku!
k	Na zdrowie! (2x)
l	Smacznego jajka i mokrego śmigusa-dyngusa.

53 Jak się nazywa to zwierzę?

Match the pictures to the words.

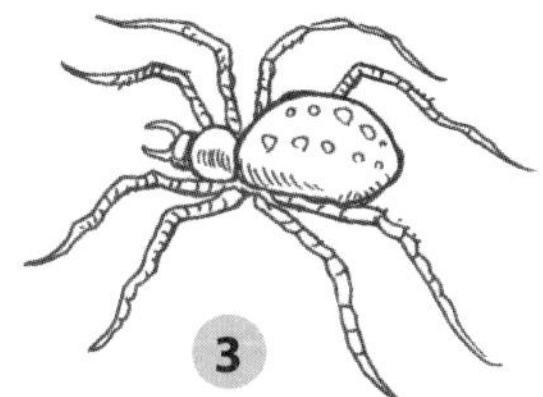

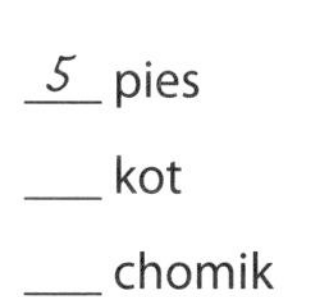

5 pies
___ kot
___ chomik
___ ryba
___ papuga
___ kanarek
___ pająk
___ królik
___ żółw

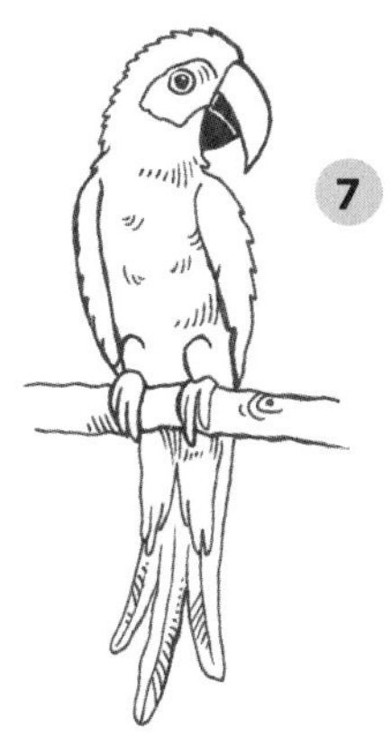

54 Miasto

A **Match the pictures to the words.**

_5_ restauracja	___ muzeum	___ dworzec kolejowy
___ kino	___ poczta	___ lotnisko
___ kawiarnia	___ szpital	___ kantor
___ uniwersytet	___ toaleta	___ bank

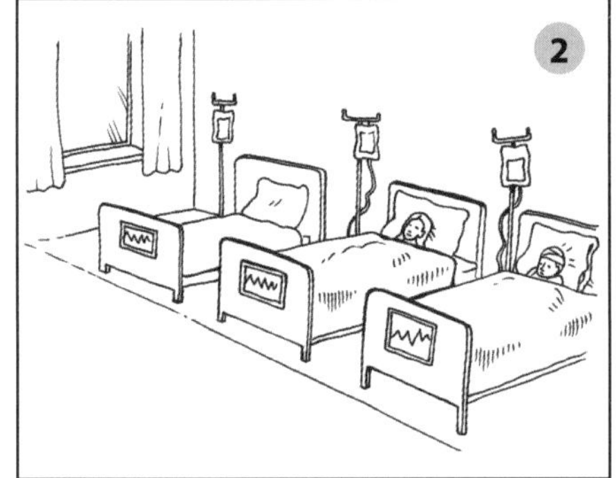

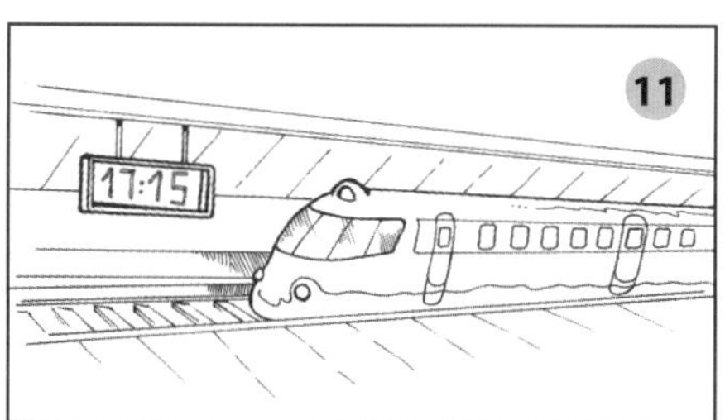

B **Put the name of the place from exercise A connected with the words.**

1	kolacja, napiwek, kelner	*restauracja*
2	kasa, repertuar, ekran	
3	student, profesor, aula	
4	znaczek, list, telegram	
5	lekarz, pacjent, operacja	
6	pociąg, kasa biletowa, peron	
7	eksponat, wystawa, bilet wstępu	
8	samolot, stewardesa, pilot	
9	papier toaletowy, damska/męska	
10	kredyt, pieniądze, konto	
11	euro, kurs, pieniądze	
12	ciasto, kawa, deser	

55 Zimno mi

Complete the dialogues with the phrases.

~~Zimno mi.~~ Jestem głodny. Podoba ci się?
Chce mi się pić. Miło mi. Nudzę się. Słabo mi. Kocham cię.

Mamo! ___
W lodówce jest mleko i sok.
5
___ ___
Może wody? A może się położysz? A może zadzwonić na pogotowie?
6
Cześć, tu Jacek. Co robisz?
Cześć. Nic. ___ A co?
7
A to jest prezent dla ciebie . ___ ___
Super!
8

56 Kto jeździ motocyklem?

A Match the pictures to the words.

_4_ traktor	___ taksówka	___ rower	___ motocykl
___ autobus	___ metro	___ samochód	___ pociąg
___ skuter	___ tramwaj	___ ciężarówka	

B Look at the pictures and answer the following questions.

a) Kto jeździ samochodem? *Marek*

b) Kto jeździ motocyklem? ____________

c) Kto jeździ rowerem? ____________

d) Kto jeździ tramwajem? ____________

e) Kto jeździ pociągiem? ____________

f) Kto jeździ autobusem? ____________

g) Kto jeździ taksówką? ____________

h) Kto jeździ metrem ? ____________

i) Kto jeździ skuterem? ____________

j) Kto jeździ traktorem? ____________

k) Kto jeździ ciężarówką? ____________

 Agnieszka	 Kuba
 Weronika	 Patryk
 Barbara	 Bazyli
 Kinga	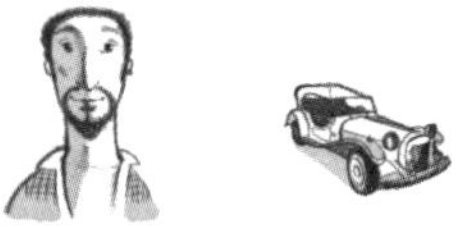 Marek
 Asia	 Bartek
 Justyna	

Did you know? In sentences such as *Marek jeździ autobusem*, we have to use a noun in the instrumental case, which results in an ***-ą*** ending for all feminine nouns and ***-(i)em*** ending for masculine and neuter nouns. Means of transport, such as *pociąg* (train), *autobus* (bus), *skuter* (scooter), etc. are instruments used to perform a certain action. That is why the instrumental case is required.

57 Żółty ser czy biały ser?

Underline the right answer.

1. To jest ser ..... .
a) biały
b) żółty

2. Kiwi jest w środku ..... .
a) zielone
b) czerwone

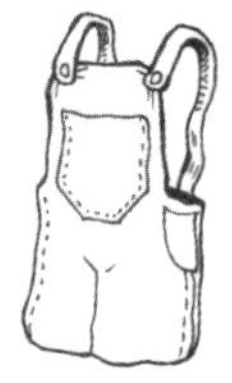

3. To są ..... spodnie.
a) krótkie
b) długie

4. Cukier jest ..... .
a) słodki
b) kwaśny

5. Ten film podoba mi się. On jest ..... .
a) nudny
b) interesujący

6. Nie mam rodzeństwa. Nasza rodzina jest ..... .
a) duża
b) mała

7. Mój wujek ma dużo pieniędzy, dwa samochody i elegancką willę. On jest ..... .
a) biedny
b) bogaty

8. Szklanka jest ..... .
a) pusta
b) pełna

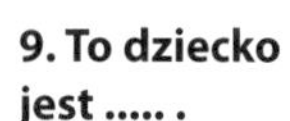

9. To dziecko jest ..... .
a) chore
b) zdrowe

10. Ten mężczyzna jest ..... .
a) młody
b) stary

11. Ta kobieta jest ..... .
a) gruba
b) szczupła

12. Ten chłopiec jest ..... .
a) wesoły
b) smutny

58 Kleopatra była...

Complete using one of the adjectives from the box.

	OSOBA		NARODOWOŚĆ	ZAWÓD / FUNKCJA
1	Wolfgang Amadeus Mozart	był	*Austriakiem*	*kompozytorem*
2	Johann Wolfgang Goethe	był		
3	Maria Curie Skłodowska	była		
4	Coco Chanel	była		
5	Mikołaj Kopernik	był		
6	Michael Jackson	był		
7	Agatha Christie	była		
8	Alfred Hitchcock	był		
9	Leonardo da Vinci	był		
10	Kleopatra	była		
11	Marlene Dietrich	była		
12	Napoleon Bonaparte	był		
13	Pitagoras	był		
14	Edith Piaf	była		
15	Mahatma Gandhi	był		

A

Amerykaninem Angielką Anglikiem ~~Austriakiem~~ Egipcjanką
Francuzem Francuzką (2x) Grekiem Hindusem Niemcem
Niemką Polakiem Polką Włochem

B

aktorką i piosenkarką astronomem autorką kryminałów
fizykiem, chemikiem i noblistką generałem i cesarzem ~~kompozytorem~~
królową królem popu malarzem i rzeźbiarzem
matematykiem i filozofem piosenkarką poetą
politykiem i pacyfistą projektantką mody reżyserem

59 Jaka to kuchnia?

Complete using one of the adjectives from the box.

włoska	austriacka	polska	amerykańska	niemiecka
chińska	grecka	francuska	rosyjska	~~japońska~~

1	sushi, sake, ryż, ryby	kuchnia *japońska*
2	bigos, pierogi, barszcz, żur	kuchnia ______________
3	crème brûlée, ślimaki, croissant, tarta	kuchnia ______________
4	hamburger, naleśniki z syropem klonowym, hot-dog, stek	kuchnia ______________
5	pizza, lazania, spaghetti, tiramisu	kuchnia ______________
6	tzatzyki, oliwki, ser feta, oliwa z oliwek	kuchnia ______________
7	bliny, kawior, zupa solanka, boeuf Strogonow	kuchnia ______________
8	tort Sachera, sznycel po wiedeńsku, gulasz, strudel z jabłkami	kuchnia ______________
9	kurczak po seczuańsku, sos sojowy, zupa miso, kaczka w sosie słodko-kwaśnym	kuchnia ______________
10	golonka po bawarsku, piwo, kapusta kiszona, kiełbasa z sosem curry	kuchnia ______________

Did you know? Adjectives in their basic form (the one you will find in dictionaries) always end with **-y**, e.g. *dobry* (good) or in **-i** (if the ending is preceeded by **-k** or **-g**), e.g. *polski* (Polish). It is also the ending for masculine forms, e.g. *dobry sok* (good juice). If the adjective relates to a feminine noun, it always ends with **-a**, e.g. *kuchnia polska*.

60 Gdzie kupisz te produkty?

A Match the pictures to the words.

13 gazeta	___ bułki	___ bukiet
___ sól	___ kurtka	___ gramatyka języka polskiego
___ tulipany	___ słownik	___ buty sportowe
___ sandały	___ bilet tramwajowy	___ miód
___ spodnie	___ papierosy	___ bluzka

1  2  3 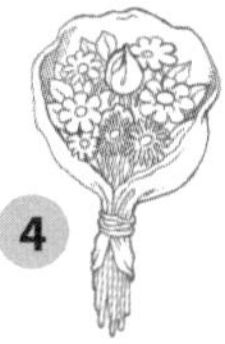 4 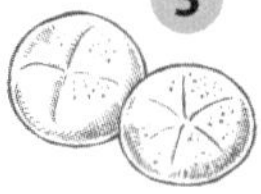 5  6  7 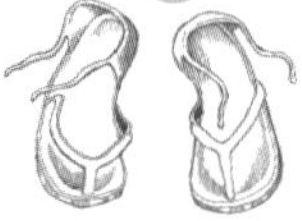 8  9  10  11  12  13  14  15

B Where can you buy these items?

ARTYKUŁY	SKLEP SPOŻYWCZY	KIOSK	KWIACIARNIA	SKLEP OBUWNICZY	SKLEP ODZIEŻOWY	KSIĘGARNIA
gazeta		V				V
sól						
tulipany			V			
sandały						
bułki						
kurtka						
słownik						
bilet tramwajowy						
bukiet						
gramatyka języka polskiego						
buty sportowe						
miód						
spodnie						
papierosy						
bluzka						

61 Dwa, trzy, cztery...

Fill in the missing letters. Watch out! These are plural forms.

A	-a
1	trzy lu _s_ _t_ _r_ **a**
2	dwa ja _ _ _ **a**
3	dwa łó _ _ **a**
4	trzy ok _ **a**

B	-i
1	dwie pi _t_ _k_ **i**
2	dwadzieścia cztery ks _ _ _ _ **i**
3	cztery ko _ _ _ _ **i**
4	trzy kw _ _ _ _ **i**
5	trzydzieści trzy ki _ _ _ _ _ _ **i**

C	-y
1	dwie sz _a_ _f_ **y**
2	trzy so _ **y**
3	dwa ko _ **y**
4	trzy p _ **y**
5	cztery la _ _ **y**
6	dwa re _ _ _ **y**
7	trzy st _ _ **y**
8	trzy ob _ _ _ **y**

D	-e
1	trzy fo _t_ _e_ _l_ **e**
2	dwa ma _ _ _ _ _ **e**
3	dwa ko _ _ **e** na śmieci
4	trzy fo _ _ _ _ _ _ _ **e**

Did you know? In Polish plural non-masculine nouns (those which do not indicate males) can have the following endings: ***-a, -y, -i, -e***. Almost all plural neuter nouns end in ***-a***. In general, feminine and masculine nouns end in ***-y***, e.g. *bilet, bilety* (ticket, tickets). After ***-k*** or ***-g*** they take an ***-i*** ending. After certain consonants – ***ni, ń, sz, cz, rz, ż, l, j, c, dz, ś, ć, ź,*** nouns take an ***-e*** ending. Plural nominative forms are always used after numbers **2, 3, 4** (as well as **22, 23, 24, 32, 33, 34** etc.). After **5, 6, 7** the genitive noun case is needed.

62 Jaki prezent dla...?

A Match the pictures to the words.

_10_ szachy
___ pierścionek
___ wódka „Żubrówka"
___ filiżanka
___ pies chihuahua

___ słownik
___ perfumy
___ praliny
___ wycieczka do Pragi

___ bilet do filharmonii
___ bukiet róż
___ książka kucharska

„Kuchnia chińska"

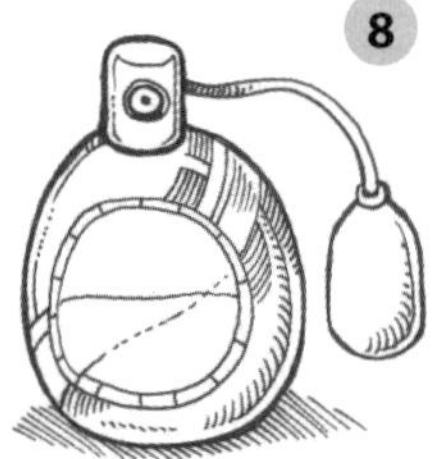

B **Who do you give these presents to? Complete the table with words from exercise A.**

	CO ON / ONA LUBI?	DOBRY PREZENT DLA NIEJ / NIEGO TO...
a	Agnieszka lubi kwiaty.	*bukiet róż*
b	Pani Kożniewska lubi biżuterię.	
c	Sven lubi polski alkohol.	
d	Halina lubi elegancką porcelanę.	
e	Kasia lubi zwierzęta.	
f	Wolfgang lubi uczyć się polskiego.	
g	Monika lubi kosmetyki.	
h	Andrzej lubi słodycze.	
i	Basia lubi podróże.	
j	Ania lubi muzykę klasyczną.	
k	Justyna lubi kuchnię azjatycką.	
l	Michał lubi grać w szachy.	

63 To są...

Match the pictures to the words.

_7_ okulary	___ majtki	___ nożyczki	___ plecy
___ drzwi	___ spodnie	___ skrzypce	___ kalesony
___ rajstopy	___ jeansy	___ urodziny	___ usta

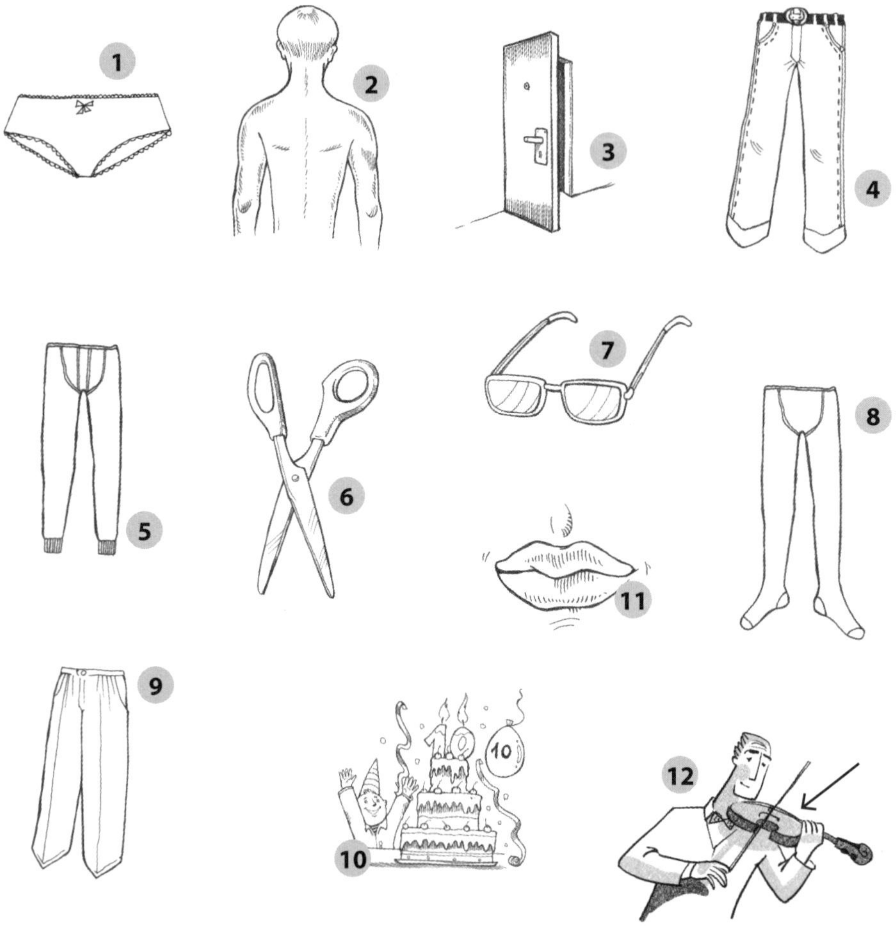

1 2 3 4

7

5 6 8

11

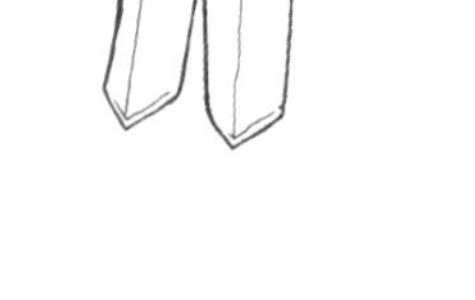

10

Did you know? In Polish there is a group of words with no singular form. As they have only a plural form, we call them Pluralia Tantum. Generally they denote objects which consist of two parts, e.g. pants have two legs, mouth has two lips, glasses have two lenses. Such nouns need a verb in plural form, e.g. *To są nowe spodnie*.

64 Co nie pasuje?

A **Which is the odd one out?**

1	mleko	jogurt	ser żółty	~~szpinak~~
2	bułki	brokuły	pomidory	czosnek
3	fanta	mleko	sprite	coca-cola
4	piwo	wino	woda	wódka
5	naleśniki z serem	bigos	pierogi ruskie	jajko sadzone z ziemniakami
6	wieprzowina	wołowina	kapuśniak	kurczak
7	rosół	makowiec	barszcz	żur
8	winogrona	jabłka	gruszki	groszek
9	budyń z sosem waniliowym	sernik	szarlotka z lodami	ziemniaki
10	kiełbasa	szynka	śmietana	kabanos

B **Match the sentences below with the words from exercise A.**

a	Beniamin źle się czuje, bo wypił wczoraj za dużo alkoholu .	4
b	Moja babcia gotuje smaczne zupy.	
c	Dzieci kupują często napoje gazowane.	
d	Ta restauracja oferuje dania wegetariańskie.	
e	Mięso jem tylko dwa razy w tygodniu.	
f	Warzywa mają mało kalorii.	
g	Owoce są bardzo zdrowe.	
h	Dominik lubi słodkie desery.	
i	Mam alergię na nabiał. Nie mogę jeść…	
j	Gdzie są wędliny?	

65 Pierogi z kapustą

In every line cross out one product or ingredient which usually is not served in such combination.

1	herbata z mlekiem, z cytryną, z cukrem, ~~z musztardą~~
2	frytki z ketchupem, z bitą śmietaną, z kurczakiem, z kotletem
3	chleb z dżemem, z masłem, z serem, z lodem
4	lody z sosem czekoladowym, z bitą śmietaną, z majonezem, z truskawkami
5	kawa z mlekiem, z cukrem, z sokiem malinowym, z bitą śmietaną
6	kotlet z dżemem, z ziemniakami, z ryżem, z chlebem
7	woda mineralna z papryką, z lodem, z cytryną, z sokiem
8	pizza z sosem pomidorowym, z salami, z makiem, z serem
9	kanapka z szynką, z cukierkami, z kiełbasą, z nutellą
10	pierogi z sernikiem, z kapustą, z mięsem, ze szpinakiem
11	naleśniki z serem, z gumą do żucia, z dżemem, z mięsem
12	żurek z kiełbasą, z jajkiem, z ziemniakami, z uszkami
13	precle z makiem, z ryżem, z solą, z sezamem
14	barszcz z czekoladą, z krokietem, z uszkami, z fasolą
15	sałatka z tuńczykiem, z kukurydzą, z pomidorami, z bigosem

Did you know?

Typical Polish meals are: *barszcz* (beetroot soup) served with *uszka* (a kind of ravioli with mushrooms or meat), croquette, sometimes with beans or egg (it can also be served with no additions); *żurek* (soup made from fermented rye flour) with egg, sausage or/and potatoes; *pierogi* (dumplings) served spicy or sweet, stuffed with meat or vegetarian filling; *bigos* (one-pot stew made of sauerkraut, meat and sausage).

66 On jeździ na rowerze

Complete the sentences with the expressions from the box.

na nartach	na łyżwach
na deskorolce	na rolkach
na snowboardzie	~~na rowerze~~
na skuterze	na hulajnodze
na koniu	na karuzeli

1. Paweł jeździ *na rowerze* .

2. Basia jeździ ______________ .

3. Marta i Marek jeżdżą ______________ .

4. Bartek jeździ ______________ .

5. Janek jeździ ______________ .

6. Ania i Mateusz jeżdżą ______________ .

7. Jagna jeździ ______________ .

8. Piotr jeździ ______________ .

9. Rober jeździ ______________ .

10. Dzieci jeżdżą ______________ .

67 Sklepy

A **Match the pictures to the words.**

10 stacja benzynowa

___ sklep obuwniczy

___ księgarnia

___ cukiernia

___ sklep spożywczy

___ kiosk

___ piekarnia

___ kwiaciarnia

___ apteka

___ sklep odzieżowy

B Match the shopping lists to the places where you can buy these items.

na stacji benzynowej	w sklepie obuwniczym	w księgarni
~~w cukierni~~	w sklepie spożywczym	w kiosku
w piekarni	w kwiaciarni	w aptece
w sklepie odzieżowym		

Te produkty kupimy…

1. *w cukierni*	2. ________	3. ________	4. ________	5. ________
sernik makowiec kremówki szarlotka kokosanki ciasto jogurtowe	sandały kozaki buty sportowe pantofle baleriny	karma dla kotów karma dla psów benzyna pieczywo prasa	aspiryna bandaż plaster wata	bułki chleb rogaliki drożdżówki precle

6. ________	7. ________	8. ________	9. ________	10. ________
róże tulipany frezje gerbery kaktusy fiołki	papierosy bilety gazety woda mineralna	kiełbasa chleb masło ser pomidory piwo	atlasy książki albumy	spodnie swetry bluzki spódnice sukienki

C In every line there are two words in plural. Underline them.

a) benzyna, atlasy, bandaż, gazety, woda mineralna, szarlotka

b) spódnice, ciasto jogurtowe, prasa, rogaliki, karma dla kotów, piwo

c) kaktus, album, kiełbasa, sweter, papierosy, sukienki

d) róże, masło, książki, ser, aspiryna, plaster

e) gerbera, bilety, książka, atlas, pomidor, kozaki

f) frezje, gazety, tulipan, chleb, bluzka, róża

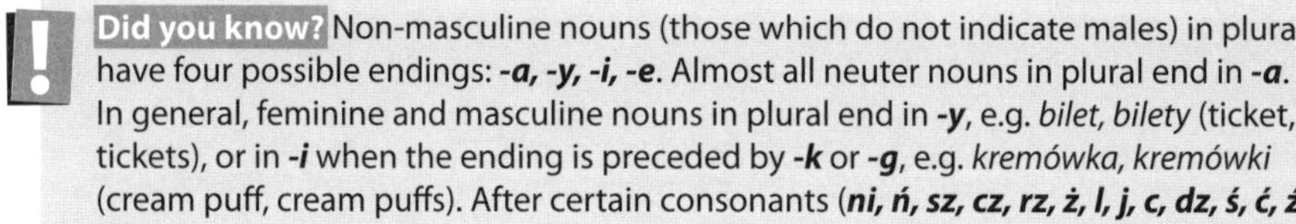

! **Did you know?** Non-masculine nouns (those which do not indicate males) in plural have four possible endings: ***-a, -y, -i, -e***. Almost all neuter nouns in plural end in ***-a***. In general, feminine and masculine nouns in plural end in ***-y***, e.g. *bilet, bilety* (ticket, tickets), or in ***-i*** when the ending is preceded by ***-k*** or ***-g***, e.g. *kremówka, kremówki* (cream puff, cream puffs). After certain consonants (***ni, ń, sz, cz, rz, ż, l, j, c, dz, ś, ć, ź***) plural nouns end in ***-e***.

68 Co oni robią?

Match the pictures to the words. Put the verbs in the right forms.

~~czytać książki~~	flirtować	gotować	grać w bilarda
grać w karty	jeść lody	obserwować horyzont	
opalać się	pić wino	pływać	robić drinki
spacerować	spać	tańczyć	

1. oni *czytają książki*

2. oni ______________________

3. oni ______________________

4. oni ______________________

5. oni ______________________

6. oni ______________________

7. oni ______________________

8. oni ______________________

9. oni ______________________

10. oni ______________________

11. on ______________________

12. oni ______________________

13. oni ______________________

14. oni ______________________

4

7

8

9

12

13

14

69 Z czym oni mają problem?

Match the pictures to the expressions.

_2_ On ma problem z kartą bankomatową.

___ Ona ma problem z rurą w łazience.

___ On ma problem z fonetyką polską.

___ Ona ma problem z matematyką.

___ Ona ma problem z kotami.

___ On ma problem z paszportem.

___ On ma problem z orientacją w mieście.

___ On ma problem z pieniędzmi.

___ On ma problem z szefem.

___ On ma problem z ortografią polską.

___ Ona ma problem z parasolem.

___ On ma problem z samochodem.

Did you know? The preposition ***z*** (when meaning with) is followed by instrumental form of the noun. In instrumental, feminine nouns end in ***-ą*** and masculine and neuter nouns in ***-(i)em***. Plural forms end in ***-ami***. Exeptions: *z pieniędzmi* (with money), *z dziećmi* (with children).

70 Mała czy duża litera?

A **Do these words start with capital letters? Fill in the right letters.**

1	p/P	_P_olak – _P_olska – _p_olski – _P_oznań – _p_ies
2	w/W	_arszawa – _ino – _isła – _rocław – _łoch
3	n/N	_orwegia – _oga – _iemiecki – _iemiec – _oc
4	a/A	_ngielka – _merykański – _ustriak – _lpy – _ustriacki
5	h/H	_imalaje – _enryk – _otel – _ulajnoga – _elsinki
6	f/F	_rancja – _ilharmonia – _rancuski – _ilip – _iliżanka
7	r/R	_obert – _osja – _ak – _osyjski – _ower
8	t/T	_eresa – _rawa – _ruskawka – _atry – _ato
9	b/B	_elgia – _rzuch – _iologia – _elgijski – _ieszczady
10	k/K	_arkonosze – _asa – _raków – _rzysztof – _ino

B **Put the words from the box above in the right categorie.**

a. państwa
1. _Polska_
2. ____________
3. ____________
4. ____________
5. ____________

b. narodowości
1. _Angielka_
2. ____________
3. ____________
4. ____________
5. ____________

c. miasta
1. _Kraków_
2. ____________
3. ____________
4. ____________
5. ____________

d. góry
1. _Karkonosze_
2. ____________
3. ____________
4. ____________
5. ____________

e. imiona
1. _Robert_
2. ____________
3. ____________
4. ____________
5. ____________

Did you know? In Polish we write first names, surnames and names of countries, nationalities, towns, rivers, mountains beginning with capital letters, e.g. *Jan, Kowalski, Polska, Polak, Warszawa, Wisła, Tatry*. Note that all adjectives are written with small letter.

Słowniczek

adj – adjective
adv – adverb
conj – conjunction
fem – feminine
masc – masculine
imp – imperfekive
perf – perfektive
pl – plural
prep – preposition

JĘZYK POLSKI	ENGLISH	DEUTSCH
A		
a (conj)	and, but, or	und
agitować	to canvass, to agitate	für etwas werben, agitieren
agresywny,-a,-e (adj)	aggressive	agressiv
aktor (masc), aktorka (fem)	actor, actress	Schauspieler(in)
aktualny,-a,-e (adj)	current	aktuell
aktywny,-a,-e (adj)	active	aktiv
ale (conj)	but	aber
Alpy (pl)	(the) Alps	Alpen
Ameryka	America	Amerika
Amerykanin (masc)**, Amerykanka** (fem)	American	Amerikaner(in)
amerykański,-a,-ie (adj)	American	amerikanisch
ananas	pineapple	Ananas
Anglia	England	England
Anglik (masc)**, Angielka** (fem)	Englishman, Englishwoman	Engländer(in)
angielski,-a,-ie (adj)	English	englisch
apteczka	first-aid kit	Verbandskasten
apteka	pharmacy	Apotheke
archeologiczny,-a,-e (adj)	archaeological	archäologisch
Argentyna	Argentina	Argentinien
artykuł	article	Artikel
aspiryna	aspirin	Aspirin
astronom	astronomer	Astronom
asystent (masc), asystentka (fem)	assistant	Assistent(in)
atmosfera	atmosphere	Atmosphäre
aula	hall	Aula
Australijczyk (masc), Australijka (fem)	Austalian	Australier(in)
Austria	Austria	Österreich
Austriak (masc)**, Austriaczka** (fem)	Austrian	Österreicher(in)
austriacki,-a,- ie (adj)	Austrian	österreichisch
autobus	bus	Bus
autorka kryminałów	detective stories author	Kriminalautorin
azjatycki,-a,-ie (adj)	Asian	asiatisch
B		
babcia	grandma	Oma
bagietki (pl)	baguettes	Baguettes
baleriny (pl)	ballet shoes	Ballerinaschuhe
balkon	balcony	Balkon
balon	baloon	Balon
banan, banany (pl)	banana,-s	Banane,-n
bandaż	bandage	Bandage
bankomat	cash machine	Geldautomat, Bankomat
bankowiec	banker	Bankangestellte(r)
bardzo (adv)	very	sehr
barszcz (czerwony)	beetroot soup	Rote-Rüben-Suppe
basen	swimming pool	Schwimmbad
bęben	drum	Trommel

Belgia	Belgium	Belgien
Belg (masc)**, Belgijka** (fem)	Belgian	Belgier(in)
belgijski, -a,-ie (adj)	Belgian	belgisch
benzyna	petrol	Benzin
bez (prep)	without	ohne
bezalkoholowy,-a,-e (adj)	non-alcoholic	alkoholfrei
bezrobotny,-a,-e (adj)	unemployed	arbeitslos
biały,-a,-e (adj)	white	weiß
biedny, -a,-e (adj)	poor	arm
bigos	Polish stew made of sauerkraut and meat	ein polnisches Nationalgericht aus Weißkohl, Sauerkraut und verschiedenen Fleisch- und Wurstsorten
bilet	ticket	Fahrkarte
bilet wstępu	entrance ticket	Eintrittskarte
biologia	biology	Biologie
bita śmietana	whipped cream	Schlagsahne
biurko	desk	Schreibtisch
biuro	office	Büro
biustonosz	bra	BH
biznesmen	businessman	Geschäftsman
biżuteria	jewellery	Schmuck
bliny (pl)	blini	Puffer aus Hefeteig auf russische Art
blisko (adv)	close, near	nah
blondynka	blonde	Blondine
bluzka	blouse	Bluse
bo (conj)	because	weil
boczek	bacon	Schinkenspeck
bogaty,-a,-e (adj)	rich	reich
boleć	to hurt	weh tun
Boże Narodzenie	Christmas	Weihnachten
brać	to take	nehmen
brązowy,-a,-e (adj)	brown	braun
brokuły (pl)	broccoli	Brokkoli
brudny,-a,-e (adj)	dirty	schmutzig
brydż	bridge	Bridge
brzeg	bank	Ufer
brzuch	belly	Bauch
brzydki,-a,-ie (adj)	ugly	hässlich
budyń	pudding (BRIT), blancmange (US)	Pudding
bukiet	bouquet	(Blumen) strauß
bułka, bułki (pl)	bread roll,-s	Brötchen,-
burza	thunderstorm	Gewitter
burzowo (adv)	stormy	gewittrig
but, buty (pl)	shoe,-s	Schuh,-e
być	to be	sein
C		
całować	to kiss	küssen
cały,-a,-e (adj)	whole	ganz
cebula	onion	Zwiebel
cena	price	Preis
centrum	centre	Zentrum
cesarz	emperor	Kaiser
chcieć	to want	wollen
chiński,-a,-ie (adj)	Chinese	chinesisch
chirurg	surgeon	Chirurg
chleb	bread	Brot
chłopiec	boy	Junge
chodnik	pavement	Gehweg

chodzić	to walk, to go	gehen
chomik	hamster	Hamster
chory,-a,-e (adj)	ill, sick	krank
ciało	body	Körper
ciasto	cake	Kuchen
ciemny,-a,-e (adj)	dark	dunkel
ciepły-a,-e (adj)	warm	warm
cieszyć się	to be pleased	sich freuen
ciężarówka	truck	LKW
ciocia	aunt	Tante
co	what	was
codziennie	every day	täglich
córka	daughter	Tochter
coś	something	etwas
cukier	sugar	Zucker
cukierki (pl)	sweets (BRIT), candies (US)	Bonbons
cukiernia	cake shop	Konditorei
cynamon	cinnamon	Zimt
cytryna	lemon	Zitrone
czajnik	kettle	Kessel
czapka	hat	Mütze
czarny,-a,-e (adj)	black	schwarz
czas	time	Zeit
czasami/czasem	sometimes	manchmal
Czechy (pl)	(the) Czech Republic	Tschechien
Czech (masc)**, Czeszka** (fem)	Czech	Tscheche, Tschechin
(po)czekać	to wait	warten
czekolada	chocolate	Schokolade
czerwiec	June	Juni
czerwony,-a,-e (adj)	red	rot
Cześć!	1. Hello!, 2. Bye!	1. Hallo!, 2. Tschüss!
często (adv)	often	oft
czosnek	garlic	Knoblauch
czuć się	to feel	sich fühlen
czwartek	Thursday	Donnerstag
czy	do you.../ if	Signalwort in den Entscheidungsfragen oder "ob"
czysty,-a,-e (adj)	clean	sauber
czytać	to read	lesen
D		
dach	roof	Dach
damski,-a,-ie (adj)	female	Damen-, feminin
Dania	Denmark	Dänemark
Duńczyk (masc)**, Dunka** (fem)	Dane	Däne, Dänin
danie	dish	Gericht, Speise
dekorator (masc), dekoratorka (fem)	decorator	Dekorateur(in)
dekorować	to decorate	dekorieren
dentysta (masc), dentystka (fem)	dentist	Zahnarzt
deser	dessert	Nachtisch
deskorolka	skateboard	Skateboard
deszcz	rain	Regen
deszczowo (adv)	rainy	regnerisch
dieta	diet	Diät
dla (prep)	for	für
dlaczego	why	warum
dlatego	that's why	darum, deswegen
długi,-a,-ie (adj)	long	lang
długo (adv)	long	lang(e)

długopis, długopisy (pl)	pen	Kugelschreiber,-
do (prep)	to	nach, zu
dobry,-a,-e (adj)	good	gut
dobrze (adv)	good	gut
dom	house	Haus
doświadczony,-a,-e (adj)	experienced	erfahren
dowód	identity card	Ausweis
drinki (pl)	drinks	Drinks
drobne	small change	Kleingeld
droga	road	Weg
drogi,-a,-e (adj)	1. dear, 2. expensive	1. lieber, 2. teuer
drożdżówka	kind of sweet bun	Hefegebäck
drzwi	door	Tür
dużo (adv)	many, a lot	viel
duży,-a,-e (adj)	big, large	groß
dworzec kolejowy	railway station	Bahnhof
dyrygent	conductor	Dirigent
dyrygować	to conduct	dirigieren
dyscyplina sportu	sport discipline	Sportart
dyskoteka	disco	Disco
dyskutować	to discuss	diskutieren
dywan, dywany (pl)	carpet	Teppich,-e
dżem	jam	Marmelade
dziać się	to happen	passieren
dziadek	grandpa	Opa
dziadkowie (pl)	grandparents	Großeltern
dziecko, dzieci (pl)	child, children	Kind,-er
dziękować	to thank	danken
dzień	day	Tag
dziennie (adv)	daily	täglich
dziennikarz (masc), dziennikarka (fem)	journalist	Journalist(in)
dziewczyna	1. girl, 2. girlfriend	1. Mädchen, 2. Freudin
dzisiaj/dziś	today	heute
E		
Egipt	Egypt	Ägypten
egzamin	exam	Prüfung, Examen
ekran	screen	Bildschirm
eksponat	exhibit	Ausstellugsstück
ekspres do kawy	coffee maker	Kaffeemaschine
elegancki,-a,-ie (adj)	elegant	elegant
elektryczność	electricity	Elektrizität
elektryczny,-a,-e (adj)	electric	elektrisch
elektryk (masc), (fem)	electrician	Elektriker(in)
emeryt (masc), emerytka (fem)	pensioner	Rentner(in)
Europejczyk (masc), Europejka (fem)	European	Europäer(in)
europejski,-a,-ie (adj)	European	europäisch
F		
fajny,-a,-e (adj)	great, cool	cool
fałsz / prawda	false / truth	falsch / richtig
fantazja	fantasy	Fantasie
fascynacja	fascination	Faszination
fasola/fasolka	bean,-s	Bohne,-n
figura	figure	Figure
filharmonia	philharmonic	Philharmonie
filiżanka	cup	Tasse
filozof	philosopher	Philosoph
Finlandia	Finland	Finnland

Fin (masc)**, Finka** (fem)	Finn	Finne, Finnin
fioletowy, -a,-e (adj)	purple	violett
firma	firm, company	Firma
fizyk	physicist	Phisiker
flet	flute	Flöte
flirtować	to flirt	flirten
fonetyka	phonetics	Phonetik
fontanna	fountain	Springbrunnen
forma	form	Form
fortepian	(grand)piano	Flügel
fotel, fotele (pl)	armchair,-s	Sessel,-
fotograf (masc), (fem)	photographer	Fotograf(in)
fotografia	photo	Foto
fotografować	to photograph	fotografieren
Francja	France	Frankreich
Francuz (masc)**, Francuzka** (fem)	Frenchman, Frenchwoman	Franzose, Französin
francuski, -a,-ie (adj)	French	französisch
frezja	freesia	Freesie
frytki	chips (BRIT), fries (US)	Pommes frittes
fryzjer (masc), fryzjerka (fem)	hairdresser	Friseur(in)
funkcjonować	to function	funktionieren
futrzany,-a,-e (adj)	fur	Pelz-
G		
gabinet dentystyczny	dentist's office	Zahnarztpraxis
garaż	garage	Garage
garnitur	suit	Anzug
gazeta, gazety (pl)	newspaper	Zeitung,-en
gdzie	where	wo
generał	general	General
giełda	exchange	Börse
gimnazjum	middle school	im polnischen Schulsystem eine Schulart nach der Grundschule
gitara	guitar	Gitarre
głodny,-a,-e (adj)	hungry	hungrig
głos	voice	Stimme
głośno (adv)	loudly	laut
głowa	head	Kopf
główny,-a,-e (adj)	main	Haupt-
głupi,-ia,-ie (adj)	stupid	dumm
godzina	hour	Uhr / Stunde
golić się	to shave	sich rasieren
gołoledź	glazed frost	Glatteis
golonka	knuckle of pork	Eisbein
gorąco (adv)	hot	heiß
góra, góry (pl)	mountain,-s	Berg,-e
gospodyni domowa	housewife	Hausfrau
gotować	to cook	kochen
gra	game	Spiel
grać	to play	spielen
grad	hail	Hagel
gramatyka	grammar	Grammatik
gratis	free (of charge)	gratis
gratulować	to congratulate	gratulieren
Grecja	Greece	Griechenland
Grek (masc)**, Greczynka** (fem)	Greek	Grieche, Griechin
grecki, -a,-ie (adj)	Greek	griechisch
groch/groszek (zielony)	pea,-s	Erbse,-n
gruby,-a,-e (adj)	thick, fat	dick

grupa	group	Gruppe
gruszka	pear	Birne
gulasz	goulash	Gulasch
H		
hak	hook	Haken
herbata	tea	Tee
Hindus	Indian	Inder(in)
historia, historie (pl)	history, story, stories	Geschichte,-n
Hiszpania	Spain	Spanien
Hiszpan (masc), **Hiszpanka** (fem)	Spaniard	Spanier(in)
hiszpański,-a,-ie (adj)	Spanish	spanisch
Holandia	Holland	Holland
Holender (masc), **Holenderka** (fem)	Dutchman / -woman	Holländer(in)
holenderski,-a,-ie (adj)	Dutch	holländisch
hulajnoga	scooter	Roller
I		
i (conj)	and	und
ile	how many, how much	wie viel
imię	name	Vorname
imieniny (pl)	nameday	Namenstag
impreza	event	Party, Veranstaltung
inaczej	differently	anders
informacja	information	Information
informatyk (masc), (fem)	computer specialist	Informatiker(in)
informatyka	computer science	Informatik
inny,-a,-e (adj)	other	andere(-r,-s)
inspiracja	inspiration	Inspiration, Eingebung
inteligentny,-a,-e (adj)	intelligent	intelligent
intensywnie (adv)	intensively	intensiv
interesować się	to be interested in	sich interessieren für
interesujący,-a,-e (adj)	interesting	interessant
inżynier (masc), (fem)	engineer	Ingenieur(in)
Irlandia	Ireland	Irland
Irlandczyk (masc), **Irlandka** (fem)	Irishman, Irishwoman	Ire, Irin
irlandzki,-a,-ie (adj)	Irish	irisch
iść	to go	gehen
J		
jabłko, jabłka (pl)	apple,-s	Apfel,¨
jajko, jajka (pl)	egg,-s	Ei,-er
jajko sadzone	fried egg	Spiegelei
jak	how	wie
jaki,-a,-ie	what (what colour do you like), which	welche(-r,-s)
jako (conj)	as	als
Japonia	Japan	Japan
Japończyk (masc), **Japonka** (fem)	Japanese	Japaner(in)
japoński,-a,-ie (adj)	Japanese	japanisch
jasny,-a,-e (adj)	bright	hell
jechać, jeździć (imp) - pojechać (perf)	to go by vehicle	fahren
jedzenie	food	Essen
jego	his	sein,-e,-
jej	her, hers	ihr,-e,-
jeść (imp) - zjeść (perf)	to eat	essen
jesień	autumn	Herbst
jeszcze	still	noch
jezioro	lake	(der) See
język	1. language, 2. tongue	1. Sprache, 2. Zunge
językowy,-a,-e (adj)	language	Sprach-
jogurt	yoghurt	Jog(h)urt

jutro	tomorrow	morgen
już	already	schon
K		
kabanos	smoked pork sausage	Kabanossi
kaczka	duck	Ente
kaktus	cactus	Kaktus
kalendarz	calendar	Kalender
kalesony (pl)	long johns	(lange) Unterhose
kalkulator	calculator	Taschenrechner
kaloria, kalorie (pl)	calorie,-s	Kalorie,-n
kałuża	puddle	Pfütze
kanapka	sandwich	belegtes Brötchen
kantor	exchange office	Wechselstube
kapelusz	hat	Hut
kąpielówki (pl)	swimming trunks	Badehose
kapuśniak	cabbage soup	Krautsuppe
kapusta	cabbage	Kraut
kapusta kiszona	sauerkraut	Sauerkraut
karma	fooder, feed	Futter
karta bankomatowa	cash card	Geldkarte
karuzela	merry-go-round (BRIT), carousel (US)	Karussell
kasa	cash desk	Kasse
katar	catarrh, runny nose	Schnupfen
kategoria	category	Kategorie
kawa	coffee	Kaffee
kawiarnia	café	Café
kawior	caviar	Kaviar
każdy,-a,-e	every	jede(-r,-s)
kelner (masc), kelnerka (fem)	waiter, waitress	Kellner(in)
kiedy	when	wann, wenn
kiedyś	once, sometime	irgendwann
kiełbasa	sausage	Wurst
kieliszek, kieliszki (pl)	glass,-es	(Wein-, Vodka-)Glas,¨-er
kierowca (masc), (fem)	driver	Fahrer(in)
kino	cinema, the movies	Kino
kinoman (masc), kinomanka (fem)	film buff	Kinofan
klapki (pl)	flip-flops	Flipflops
klasa	class	Klasse
klasyczny,-a,-e (adj)	classic	klassisch
klient (masc), klientka (fem)	customer	Kunde, Kundin
klimat	climate	Klima
klimatyzacja	air conditioning	Klimaanlage
kłócić	to quarrel, to argue	sich streiten
klub	club	Klub
klucz	key	Schlüssel
kobieta, kobiety (pl)	woman, women	Frau,-en
koc	blanket	(Woll)decke
kochać	to love	lieben
kochany, -a,-e (adj)	dear	liebe(-r,-s)
kokosanki (pl)	coconut cookies	Kokosmakronen
kolacja	supper	Abendbrot
kolano, kolana (pl)	knee,-s	Knie,-n
kolega (masc), koleżanka (fem)	friend	Kollege, Kollegin
kolejny,-a,-e (adj)	next	nächste(-r,-s)
kolor	colour	Farbe
kolorowy,-a,-e (adj)	colourful	bunt
komórka, komórki (pl)	mobile phone,-s	Handy,-s
komplet	set	Satz, Garnitur

komponować	to compose	komponieren
kompozytor	composer	Komponist
koń	horse	Pferd
koncert	concert	Konzert
kończyć	to end, to finish	beenden
konduktor (masc), konduktorka (fem)	ticket inspector	Schaffner(in)
kontrabas	double bass	Kontrabass
kontrola	control	Kontrolle
kontroler (masc), kontrolerka (fem)	inspector	Kontrolleur(in)
kontrolować	to control	kontrolieren
kort	tennis court	Tennisplatz
korytarz	corridor	Korridor
korzystać	to use	benutzen
kosmetyki (pl)	cosmetic	Kosmetika
kosz na śmieci	dustbin (BRIT), garbage can (US)	Mülleimer
kosztować	to cost	kosten
koszula	shirt	Hemd
kot, koty (pl)	cat,-s	Katze,-n
kotlet, kotlety (pl)	chop,-s	Kotelett,-s
kotlety sojowe (pl)	soya cutlets	Sojakoteletts
kozaki (pl)	high boots	Stiefel
kożuch	sheepskin coat	Schafspelz
kraj	country	Land
krawat	tie	Krawatte
kreatywny,-a,-e (adj)	creative	kreativ
kredyt	credit	Kredit
kremówki (pl)	cream puffs	Cremetörtchen
krok	step	Schritt
krokiet	croquette	Krokette
król	king	König
królowa	queen	Königin
krótki,-a,-ie (adj)	short	kurz
krzesło, krzesła (pl)	chair,-s	Stuhl,¨-e
książka, książki (pl)	book,-s	Buch,¨-e
księgarnia	bookshop	Buchhandlung
kto	who	wer
który,-a,-e	which	welche(-r,-s)
kubek	mug	Becher
kucharz (masc), kucharka (fem)	cook	Koch, Köchin
kuchenka	cooker	Herd
kuchenka mikrofalowa	microwave	Mikrowelle
kuchnia	kitchen	Küche
kukurydza	maize, corn	Mais
kulturalny,-a,-e (adj)	cultural	kulturell
kupować (perf) - kupić(imperf)	to buy	kaufen
kurczak	chicken	Hähnchen
kurs	course	Kurs
kurtka	jacket	Jacke
kuzyn (masc), kuzynka (fem)	cousin	Cousin(e)
kwaśny,-a,-e (adj)	sour	sauer
kwiaciarnia	florist's	Blumengeschäft
kwiatek, kwiatki (pl)	flower,-s	Blume,-n
ładny,-a,-e (adj)	pretty	schön
łagodny,-a,-e (adj)	gentle, mild	mild
L		
lalka	doll	Puppe
lampa	lamp	Lampe
lampka	table lamp	Tischlampe

las	forest	Wald
lato	summer	Sommer
lawina	avalanche	Lawine
ławka	bench	Bank
łazienka	bathroom	Badezimmer
leczyć	to treat	heilen, behandeln
lekarz (masc), lekarka (fem)	doctor	Arzt, Ärztin
lekki,-a,-ie (adj)	light	leicht
leżeć	to lie	liegen
liczba, liczby (pl)	number,-s	Zahl, -en
likier	liqueur	Likör
lis	fox	Fuchs
list, listy (pl)	letter,-s	Brief, -e
listonosz	postman (BRIT) , mailman (US)	Briefträger
listopad	November	November
lód	ice	Eis
lodówka	refrigerator	Kühlschrank
lody (pl)	ice cream	Eis
lotnisko	airport	Flughafen
łóżko, łóżka (pl)	bed,-s	Bett,-en
lub (conj)	or	oder
lubić	to like	mögen
ludzie ((pl))	people	Leute
lustro	mirror	Spiegel
luty	February	Februar
Ł		
łyżeczka do herbaty	teaspoon	Teelöffel
łyżka	spoon	Löffel
łyżwy (pl)	skates	Schlittschuhe
M		
mądry,-a,-e (adj)	wise	klug
magister	Master of Science / of Arts	Magister (Universitätsgrad)
majonez	mayonnaise	Majonäse
majtki (pl)	panties, briefs	Slip, Unterhose
mak	poppy	Mohn
makaron	pasta	Pasta
makowiec	poppyseed cake	Mohnkuchen
malarz (masc), malarka (fem)	painter, decorator	Maler(in)
malinowy ,-a, -e (adj)	raspberry	Himbeer-
malować	to paint	malen
mały,-a,-e (adj)	small	klein
mama	mum	Mutti
marka samochodu	make	Automarke
marynarka	jacket	Sakko
masło	butter	Butter
matematyka	mathematics	Mathematik
materac, materace (pl)	mattress,-es	Matratze,-n
mąż	husband	Ehemann
meble	furniture	Möbel
mechanik (masc), (fem)	mechanic	Mechaniker(in)
męski,-a,-ie (adj)	men's, masculine	männlich
metro	underground (BRIT), subway (US)	U-Bahn
mężczyzna	man	Mann
mgła	fog	Nebel
mgliście (adv)	foggy	neblig
miasto, miasta (pl)	town, city	Stadt,¨-e
mieć	to have	haben
między (prep)	between	zwischen

miejsce	place	Platz
miesiąc	month	Monat
mięso	meat	Fleisch
mięso mielone	minced meat	Hackfleisch
mieszkać	to live	wohnen
mieszkanie	flat, apartment	Wohnung
mieszkaniec (masc), mieszkanka (fem)	resident	Bewohner(in)
Miłego weekendu!	Have a nice weekend!	Schönes Wochenende!
miło (adv)	nice	angenehm, nett
miłość	love	Liebe
miły,-a,-e (adj)	nice	nett
minuta	minute	Minute
miód	honey	Honig
mleko	milk	Milch
młody,-a,-e (adj)	young	jung
móc	can, be able to	können
mocno (adv)	hard	stark
mocny,-a,-e (adj)	strong	stark
model (masc), modelka (fem)	model	Model
moderator	moderator	Moderator
moderować	to moderate	moderieren
mój, moja, moje	my	mein,-e,-
mokry,-a,-e (adj)	wet	nass
morze	sea	Meer
motocykl	motorcycle	Motorrad
mówić	to say, to tell	sagen, sprechen
może	perhaps, maybe	vielleicht
mróz	frost	Frost
mroźnie (adv)	frosty	frostig
musieć	to have to do, must	müssen
musli	cereal	Müssli
muzyk (masc), (fem)	musician	Musiker(in)
muzyka	music	Musik
myć (się)	to wash (oneself)	(sich) waschen
mydło	soap	Seife
myśleć	to think	denken
N		
na (prep)	on	auf
na pewno	for sure	sicher
na przykład, np.	for example, e.g.	zum Beispiel, z.B.
nabiał	dairy products	Milchprodukte
nad (prep)	above	über
nadzieja	hope	Hoffnung
najczęściej	the most often	meistens
najlepszy,-a,-e (adj)	the best	der/die/das/ beste
najmodniejszy,-a,-e (adj)	the most fashionable	der/die/das modernste
naleśniki (pl)	pancakes, crepes	Pfannkuchen
napiwek	tip	Trinkgeld
napój, napoje (pl)	soft drink,-s	Getränk,-e
napoje gazowane (pl)	sparkling drinks	mit Kohlensäure versetzte Getränke
narodowość	nationality	Nationalität
narodziny (pl)	birth	Geburt
narty (pl)	ski	Schier
następny,-a,-e (adj)	next	nächste(-r,-s)
naturalny,-a,-e (adj)	natural	natürlich
(na)uczyć	to teach	unterrichten, lehren
nauczyciel (masc), nauczycielka (fem)	teacher	Lehrer(in)
nawet	even	sogar

Nawzajem!	Same to you!	Gleichfalls!
nazwisko	surname	Familienname
nazywać się	to be called	heißen
nic	nothing	nichts
nie	no	nein, nicht
niebieski,-a,-ie (adj)	blue	blau
niebo	sky	Himmel
niedziela	Sunday	Sonntag
Niemcy (pl)	Germany	Deutschland
Niemiec (masc)**, Niemka** (fem)	German	Deutscher, Deutsche
niemiecki,-a,-ie (adj)	German	deutsch
niepalący,-a,-e (adj)	non-smoker	Nichtraucher
nigdy	never	nie
niski,-a,-ie (adj)	short, low	niedrig
niż (conj)	than	als
noc	night	Nacht
noc polarna	the polar night	Polarnacht
noga	leg	Bein
normalny,-a,-e (adj)	normal	normal
nos	nose	Nase
notes	notebook	Notitzbuch
nowy,-a,-e (adj)	new	neu
nóż	knife	Messer
nożyczki (pl)	scissors	Schere
nudny,-a,-e (adj)	boring, dull	langweilig
nudzić się	to be bored	sich langweilen
O		
o (prep)	about	über, von
obiad	lunch /dinner	Mittagessen
obok (prep)	by, near, close to	neben
obraz, obrazy (pl)	picture,-s	Bild,-er
obserwować	to observe, to watch	beobachten
ocet	vinegar	Essig
ochota	willingness	Lust
od (prep)	from	von, ab, seit
odzieżowy,-a,-e (adj)	clothing, clothes	Kleider-, Konfektions-
oferować	to offer	anbieten
oglądać	to look at, to watch	sich ansehen
ogłoszenie	announcement	Anzeige
ogórek	cucumber	Gurke
ogród	garden	Garten
okazja	chance, opportunity	Gelegenheit
okno, okna (pl)	window,-s	Fenster,-
oko, oczy (pl)	eye,-s	Auge,-n
około	about, around	etwa
okulary (pl)	glasses	Brille
oliwa z oliwek	olive oil	Olivenöl
oliwka, oliwki (pl)	olive,-s	Olive,-n
ołówek	pencil	Bleistift
opady (deszczu) (pl)	rainfalls	Niederschläge
opalać się	to sunbathe	sich sonnen
operacja	surgery	Operation
operować	to operate	operieren
opowiadać	to talk, to tell	erzählen
optymista	optimist	Optimist
organy elektryczne	keyboard	Keyboard
orientacja	orientation	Orientierung
orkiestra	orchestra	Orchestra

ortografia	spelling	Ortographie
oscypki (pl)	smoked ewe's milk cheese made in the Tatra Mountains	in der Hohen Tatra hergestellter (geräucherter) Hartkäse aus Schafsmilch
osoba	person	Person
osobisty,-a,-e (adj)	personal	persönlich
ostatni,-a,-ie (adj)	the last	letzte(-r,-s)
ostatnio (adv)	recently	neulich
ostry,-a,-e (adj)	sharp	scharf
oszczędzać	save	sparen
otwarty,-a,-e (adj)	open	offen, geöffnet
owoce (pl)	fruits	Obst
P		
pacjent (masc), pacjentka (fem)	patient	Pazient(in)
pacyfista	pacifist	Pazifist
padać (deszcz, śnieg)	it's raining, snowing	regnen, schneien
pająk	spider	Spinne
palec, palce (pl)	finger,-s / toe,-s	Finger,- / Zehe,-n
palić	smoke	rauchen
pan / pani	Mr./Mrs.	Herr / Frau
państwo	Mr. and Mrs.	Herrschaften
pantofle (pl)	slippers	Hausschuhe
papierosy (pl)	cigarettes	Zigaretten
papier toaletowy	toilet paper	Toilettenpapier
papryka	red / green pepper	Paprika
papuga	parrot	Papagei
parówki (pl)	(breakfast) sausage, hot dog	Würstchen
Paryż	Paris	Paris
pasek	belt	Gürtel
pasta do zębów	toothpaste	Zahnpaste
pasujący,-a,-e (adj)	matching, fitting	passend
paszport	passport	Pass
pasztet	pate	Pastete
pełny,-a,-e (adj)	full	voll
perfumy (pl)	perfume	Parfüm
perkusja	drums	Schlagzeug
peron	platform	Bahnsteig
(na) pewno	certainly	sicher
pianino	piano	Klavier
pianista	pianist	Pianist
piątek	Friday	Freitag
pić	to drink	trinken
pieczarka, pieczarki (pl)	mushroom,-s	Champignon,-s
pieczywo	bread	Brot
piekarnia	the baker's	Bäckerei
piekarnik	oven	Backofen
piekarz (masc), (fem)	baker	Bäcker(in)
piękny,-a,-e (adj)	beautiful	schön
pieniądze (pl)	money	Geld
pieprz	pepper	Pfeffer
pierogi (pl)	boiled dough pockets filled with meat, cheese or fruit, dumplings	Teigtaschen gefüllt mit Fleisch, Quark mit Kartoffeln oder Obst
pierścionek	ring	Ring
pierwszy,-a,-e	the first	erste(-r,-s)
pies, psy (pl)	dog,-s	Hund,-e
piłka, piłki (pl)	ball,-s	Ball,¨-er
pilot	pilot	Pilot
pionowo	down	senkrecht
piosenkarz (masc), piosenkarka (fem)	singer	Sänger(in)

pisać	to write	schreiben
pisanie	writing	Schreiben
pisarz (masc), pisarka (fem)	writer	Schriftsteller(in)
piwnica	cellar	Keller
piwo	beer	Bier
płakać	to cry	weinen
plaster	plaster, bandaid	Pflaster
płaszcz	coat	Mantel
plecak	rucksack	Rucksack
plecy (pl)	back	Rücken
płyn do mycia naczyń	washing-up liquid	Geschirrspülmittel
pływać	to swim	schwimmen
pływak	swimmer	Schwimmer
po (prep)	after	nach
po południu	in the afternoon	am Nachmittag
pochodzić (z)	come (from)	kommen (aus)
pociąg	train	Zug
początek	beginning, start	Anfang
początkujący,-a,-e (adj)	beginner	Beginner
poczta	post office	Post
pod (prep)	under	unter
podobać się	to like	gefallen
podpisywać się (imp) - podpisać się (perf)	to sign	unterschreiben
podróż, podróże (pl)	journey, trip	Reise,-n
podróż służbowa	business trip	Dienstreise
podróżować	to travel	reisen
poduszka	pillow	Kissen
poeta (masc), poetka (fem)	poet	Dichter
poezja	poetry	Poesie
pogoda	weather	Wetter
pogotowie	emergency service	Rettungsdienst
pojawiać się (imp) – pojawić się (perf)	to appear	erscheinen
pojechać	to go	hinfahren
pokój	room	Zimmer
Polska	Poland	Polen
Polak (masc)**, Polka** (fem)	Pole	Pole, Polin
polski,-a,-ie (adj)	Polish	polnisch
polityk (masc), (fem)	politician	Politiker(in)
północ	1. North, 2. midnight	1. Norden, 2. Mitternacht
położyć się	to lie down	sich hinlegen
południe	1. South, 2. noon	1. Süden, 2. Mittag
pomagać (imp) - pomóc (perf)	to help	helfen
pomarańcza	orange	Orange
pomarańczowy,-a,-e (adj)	orange	orange
pomidor, pomidory (pl)	tomato,-es	Tomate,-n
pomoc	help	Hilfe
poniedziałek	Monday	Montag
popielniczka	ashtray	Aschenbecher
popołudnie	afternoon	Nachmittag
por	leek	Porree
pora roku	season	Jahreszeit
porcelana	porcelain	Porzellan
Portugalia	Portugal	Portugal
Portugalczyk (masc), **Portugalka** (fem)	Portuguese	Portugiese, Portugiesin
posprzątany,-a,-e adj	cleaned, tidied	aufgeräumt
pościel	bedclothes, bedding	Bettzeug
pośladek, pośladki (pl)	buttock,-s	Hinterbacke,-n

potrzebować	to need	brauchen
pozdrawiać	to greet	begrüssen
pozdrowienia (pl)	greetings, regards	Grüsse
poziom	level	Niveau
poziomo	across	waagerecht
poznać	to meet, to get to know each other	kennen lernen
praca	work	Arbeit
pracoholik	workaholik	Workaholik
pracować	to work	arbeiten
pracownik	worker, employee	Mitarbeiter
praliny (pl)	chocolates	Pralinen
pralka	washing machine	Waschmaschine
prasa	press	Presse
prawda	truth	Wahrheit
prawie	almost, nearly	fast
(w) prawo	to the right	rechts
precle (pl)	pretzels	Brezel
prezent, prezenty (pl)	present, gift,-s	Geschenk,-e
problem	problem	Problem
profesjonalista	professional	Profi
profesjonalnie (adv)	professionally	professionell
prognoza pogody	weather forecast	Wetterbericht
programista	programmer	Programmierer
programować	to programme	programmieren
projekt	project	Projekt
projektant (masc), projektantka (fem)	designer	Projektant(in)
projektować	to design	etwerfen, gestalten
propaganda	propaganda	Propaganda
propagować	to propagate	propagieren
prosić	to ask	bitten
proszek do prania	washing powder	Waschpulver
protestować	to protest	protestieren
prowadzić	to lead	führen
prysznic	shower	Dusche
prywatny,-a,-e (adj)	private	privat
przecież	but, yet	doch
przed (prep)	in front of	vor
przedpokój	hall	Vorzimmer
przedstawić	to introduce	vorstellen
przejść	to cross	überqueren
przepraszać	to apologize	entschuldigen
przez (prep)	across, through	durch
przy (prep)	by, at	an
przyjechać	to arrive	ankommen
przyprawy	spices	Gewürze
przystanek autobusowy / tramwajowy	bus / tram stop	Bus-, Straßenbahnhaltestelle
przystojny,-a,-e (adj)	handsome	gutausehend
puchowy,-a,-e(adj)	down	Daunen-
punktualny,-a,-e(adj)	punctual	pünktlich
pusty,-a,-e (adj)	empty	leer
puzon	trombone	Posaune
R		
radosny,-a,-e (adj)	cheerful, joyful	fröhlich
rajstopy (pl)	pantihose, tights	Strumpfhose
rak	crayfish, cancer	Krebs
ramiączka (pl)	straps	Träger
rano	morning	Morgen
raz (dwa razy)	once, twice	Mal (einmal, zweimal)

razem	together	zusammen
ręcznik	towel	Handtuch
regał	bookshelf	Regal
regularnie	regularly	regelmäßig
ręka, ręce (pl)	hand,-s	Hand,¨-e
rękawiczki (pl)	gloves	Handschuhe
repertuar	repertoire	Repertoire
restauracja	restaurant	Restaurant
reżyser (masc), (fem)	director	Regiseur
robić (imp) - zrobić (perf)	to make, to do	machen
rodzeństwo (pl)	sibilings	Geschwister
rodzice (pl)	parents	Eltern
rodzina	family	Familie
rogaliki (pl)	croissants	Hörnchen
rok	year	Jahr
rolki (pl)	rollerblades	Inline-Skates
romantyczny,-a,-e (adj)	romantic	romantisch
rondo	roundabout, traffic circle	Kreisverkehr
Rosja	Russia	Russland
Rosjanin (masc)**, Rosjanka** (fem)	Russian	Russe, Russin
rosyjski,-a,-ie (adj)	Russian	rusisch
rosół	broth	Kraftbrühe
rower	bicycle	Fahrrad
róża	rose	Rose
różowy	pink, rosy	rosa
rozbierać (imperf)-rozebrać (perf)	to undress	ausziehen
rozmawiać	to talk, to speak	sprechen
rura	pipe	Rohr
ruskie pierogi	dough pockets stuffed with potatoes and cheese	russische Piroggen (Teigtaschen mit der Füllung aus Quark und Kartoffeln)
ryba, ryby (pl)	fish,-es	Fisch,-e
ryż	rice	Reis
rzadko (adv)	rarely	selten
rzeka	river	Fluss
rzeźbiarz	sculptor	Bildhauer
S		
sala	hall, classroom	Saal, Klassenraum
sałata	lettuce	Salat
sałatka	salad	gemischter Salat
salon	living room	Wohnzimmer
sam	1. by oneself, 2. alone	1. selbst, 2. allein
samochód	car	Wagen
samolot	plane	Flugzeug
sandały (pl)	sandals	Sandalen
sąsiad (masc), sąsiadka (fem)	neighbour	Nachbar(in)
sekretarz (masc), sekretarka (fem)	secretary	Sekretär(in)
ser biały / ser żółty	cottage cheese / hard cheese	Frischkäse / Käse
serdeczny,-a,-e (adj)	warm, hearty	herzlich
sernik	cheesecake	Käsekuchen
serwetka	napkin	Serviette
serwować	to serve	servieren
sezam	sesame	Sesam
sezon	season	Saison
siedzieć	to sit	sitzen
silny,-a,-e (adj)	strong	stark
siostra	sister	Schwester
siostrzenica	niece	Nichte
skąd	where from	woher

skarpetki (pl)	socks	Socken
sklep	shop	Geschäft
sklep obuwniczy	shoe shop	Schuhladen
sklep odzieżowy	clothes shop	Konfektionsgeschäft
sklep spożywczy	grocery	Lebensmittelgeschäft
skrzypce (pl)	violin	Geige
skrzyżowanie	intersection	Kreuzung
skuter	scooter	(Motor)roller
słabo (adv)	weakly	schwach
slipy (pl)	briefs	Herrenslip
słodki,-a,-ie (adj)	sweet	süß
słodycze (pl)	sweets (BRIT), candies (US)	Süßigkeiten
słońce	sun	Sonne
słonecznie (adv)	sunny	sonnig
słoneczny,-a,-e (adj)	sunny	sonnig
słownik	dictionary	Wörterbuch
słuchać	to listen to	hören
słyszeć	to hear	hören
Smacznego!	Bon appetit!	Guten Appetit!
smaczny,-a,-e (adj)	tasty	lecker
smutny,-a,-e (adj)	sad	traurig
sobota	Saturday	Samstag
sojowy,-a,-e (adj)	soya	Soja-
sok	juice	Saft
sól	salt	Salz
sos	sauce	Soße
spać	to sleep	schlafen
spacerować	to walk	spazieren
spaść	to fall	fallen
spódnica	skirt	Rock
spodnie (pl)	trousers (BRIT), pants (US)	Hose
sportowiec (masc), (fem)	sportsperson	Sportler(in)
sporty zimowe	winter sports	Wintersporte
spotykać się (imp) - spotkać się (perf)	to meet	sich treffen
spóźniać się (imp) - spóźnić się (perf)	to be late	sich verspäten
sprzedawać (imp) - sprzedać (perf)	to sell	verkaufen
sprzedawca (masc), sprzedawczyni (fem)	salesman	Verkäufer(in)
stać	to stand	stehen
stacja	station	Station
Stany (Zjednoczone)	(the United) States	(die Vereinigten) Staaten
stary,-a,-e (adj)	old	alt
staw	pond	Teich
stewardesa	flight attendant	Flugbegleiterin
stół, stoły (Pl)	table,-s	Tisch,-e
stolica	capital	Hauptstadt
stopa, stopy (pl)	foot, feet	Fuß,¨-e
strasznie (adv)	terribly	schrecklich
strudel z jabłkami	apple strudel	Apfelstrudel
strumyk	brook	Bach
strych	attic, loft	Dachboden
styczeń	January	Januar
sukces, sukcesy (pl)	success,-es	Erfolg,-e
sukienka	dress	Kleid
sweter	sweater, jumper	Pullover
sympatyczny,-a,-e (adj)	nice, friendly	sympatisch
syn	son	Sohn
synowa	daughter-in-law	Schwiegertochter

sypialnia	bedroom	Schlafzimmer
szachy (pl)	chess	Schach
szafa	wardrobe	Schrank
szalik	scarf	Schal
szampan	champagne	Sekt, Champagner
szampon	shampoo	Shampoo
szarlotka	apple-pie	Apfelkuchen
szczęście	luck, happiness	Glück
szczęśliwy,-a,-e (adj)	happy	glücklich
szczoteczka do zębów	toothbrush	Zahnbürste
szczupły,-a,-e (adj)	slim	schlank
szef	boss	Chef
szklanka	glass	Glas
szkodzić	to be bad for sb/sth	schaden
szkoła	school	Schule
szlafrok	dressing gown	Schlafrock
szminka	lipstick	Lippenstift
sznycel	rissole	Schnitzel
szpilki	stilettos	Stöckelschuhe
szpinak	spinach	Spinat
szpital	hospital	Krankenhaus
szuflada	drawer	Schublade
Szwajcaria	Switzerland	Schweiz
Szwecja	Sweden	Schweden
Szwed (masc), **Szwedka** (fem)	Swede	Schwede, Schwedin
szyja	neck	Hals
szympans	chimpanzee	Schimpanse
szynka	ham	Schinken
Ś		
ślimak	snail	Schnecke
śliwka, śliwki (pl)	plum,-s	Pflaume,-n
ślub	wedding	Trauung
śmiać się	to laugh	lachen
śmietana	cream	Sahne
śmietanka	cream	Kaffeesahne
śmigus-dyngus	Easter Monday tradition of dousing with water	Brauch des Bespritzens mit Wasser am Ostermontag
śniadanie	breakfast	Frühstück
śnieg	snow	Schnee
śpiewać	to sing	singen
środa	Wednesday	Mittwoch
świeca	candle	Kerze
świecić	to shine	scheinen
świetny,-a,-e (adj)	excellent	großartig
Święta Wielkanocne	Easter	Ostern
Święta Zmartwychwstania Chrystusa	Holiday of Christi Resurrection	Fest der Christusauferstehung
T		
tak	yes	ja
taki,-a,-ie	this	diese(-r,-s)
taksówka	taxi	Taxi
talerz	plate	Teller
talerzyk	saucer	Unterteller
tam	there	dort
tamburino	tambourine	Tamburin
tancerz (masc), tancerka (fem)	dancer	Tänzer(in)
tańczyć	to dance	tanzen
tani,-ia,-ie (adj)	cheap	billig
taras	terrace	Terasse

tarta	tart	Tart
tato/tata	dad	Vati
tęcza	rainbow	Regenbogen
teczka	briefcase	Tasche
telewizja	TV	Fernsehen
telewizor	TV(set)	Fernseher
termin	deadline, appointment	Termin
teraz	now	jetzt
teść	father-in-law	Schwiegervater
teściowa	mother-in-law	Schwiegermutter
też	too, as well	auch
tłumacz (masc), tłumaczka (fem)	translator	Dolmetscher(in)
to	this	das
tort	cream cake, layer cake	Torte
trąbka	trumpet	Trompete
tradycyjny,-a,-e (adj)	traditional	traditionell
tramwaj	tram	Straßenbahn
trawa	grass	Gras
trener (masc), trenerka (fem)	coach, trainer	Trainer(in)
trenować	to train, to coach	trainieren
treser	trainer	Dresseur
tresować	to train	dressieren
truskawka, truskawki (pl)	Strawberry,-ies	Erdbeere,-n
tu	here	hier
tulipan, tulipany (pl)	tulip,-s	Tulpe,-n
tydzień	week	Woche
tylko	only, just	nur
typowy, -a,-e (adj)	typical	typisch
tytuł	title	Titel
U		
ucho, uszy (pl)	ear,-s	Ohr,-en
uczeń (masc), uczennica (fem)	pupil	Schüler(in)
uczyć się/ uczyć (imp) – nauczyć się/ nauczyć (perf)	to learn / teach	lernen / lehren
(u)gotować	to cook	kochen
ulgowy,-a,-e adj	reduced	mit Ermäßigung
ulica	street	Straße
ulubiony,-a,-e (adj)	favourite	beliebt, Lieblings-
umiarkowany,-a,-e (adj)	moderate	gemäßigt
umieć	can	können
umywalka	washbasin	Waschbecken
upał	heat	Hitze
uprawiać	to cultivete, to farm, to go in for	z.B. Sport treiben
uprzejmy,-a-e (adj)	courteous, polite	höflich
urlop	leave, holiday	Urlaub
urodziny (pl)	birthday	Geburtstag
urodzony,-a,-e (adj)	born, by birth	geboren
urzędnik (masc), urzędniczka (fem)	office worker, clerk	Beamte, Angestellte
usta	mouth	Mund
uszka ((pl))	ravioli	kleine Teigtaschen, Tortellini
uwaga	attention	Achtung
W		
waga	scales	Waage
waluta	currency	Währung
wanilia	vanilla	Vanille
waniliowy,-a,-e (adj)	vanilla	Vanille-
wanna	bath tub	Badewanne
warsztat	workshop	Werkstatt

warzywa (pl)	vegetables	Gemüse
wata	cotton wool	Watte
wąż	snake	Schlange
ważny,-a,-e (adj)	important	wichtig
wczoraj	yesterday	gestern
wędliny (pl)	cold cuts	Wurstwaren
weekend	weekend	Wochenende
wegetarianin (masc), wegetarianka (fem)	vegetarian	Vegetarier(in)
wegetariański,-a,-ie (adj)	vegetarian	vegetarisch
Węgry (pl)	Hungary	Ungarn
Węgier (masc)**, Węgierka** (fem)	Hungarian	Ungar(in)
wesoły,-a,-e (adj)	cheerful, happy	fröhlich
weterynarz (masc), (fem)	veterinarian	Tierarzt, Tierärztin
wiać	to blow (wind)	wehen
wiatr	wind	Wind
wiązać	to tie	binden
widelec	fork	Gabel
widzieć	to see	sehen
więc	so	also
wieczór, wieczory (pl)	evening,-s	Abend,-e
wieczorem	in the evening	abends
wiedzieć	to know	wissen
Wielkanoc	Easter	Ostern
wieprzowina	pork	Schweinefleisch
wieprzowy,-a,-e (pl)	pork	Schweine-
wietrznie (adv)	windy	windig
winda	lift (BRIT), elevator (US)	Lift
wino	wine	Wein
winogrona (pl)	grapes	Weintrauben
wiosna	spring	Frühling
Wisła	(the) Vistula	Weichsel
witać	to greet, to welcome	begrüßen
Włochy (pl)	Italy	Italien
Włoch (masc)**, Włoszka** (fem)	Italian	Italiener(in)
włoski,-a, -ie (adj)	Italian	italienisch
wnuczek (masc), wnuczka (fem)	grandson, granddaughter	Enkel(in)
woda	water	Wasser
wódka	vodka	Wodka
wodospad	waterfall	Wasserfall
woleć	to prefer	bevorzugen
wolny,-a,-e (adj)	free, single	frei
wołowina	beef	Rindfleisch
wpisać	to write down, to put down	eintragen
wracać	to come back, to return	zurückkommen
wrzesień	September	September
wschód	East	Osten
wspaniały,-a,e (adj)	wonderful, splendid	wunderbar
wspólny	shared, joint, common	gemeinsam
wszyscy	everyone	alle
Wszystkiego najlepszego!	All the best!	Alles Gute!
wszystko	everything	alles
wtorek	Tuesday	Dienstag
wycieczka	trip, excursion	Ausflug, Exkursion
wyglądać	to look, to long for	aussehen
wygodny,-a,-e (adj)	comfortable	bequem
wysoki,-a,-ie (adj)	tall, high	groß
wysportowany,-a,-e (adj)	athletic, fit	sportlich

wystawa	exhibition, display	Ausstellung
wzrost	height	Größe
Z		
z (prep)	from, with	aus, mit
za (prep)	behind, for	hinter, für
zachmurzenie	cloudiness	Bewölkung
zachód	West	Westen
zaczynać (imperf)- zacząć (perf)	to start, to begin	beginnen
zadzwonić	to ring, to call	anrufen
zajęty,-a,-e (adj)	1. busy, 2. taken, occupied	1. beschäftigt, 2. besetzt
zakupy (pl)	shopping	Einkäufe
zarówno	both...,as well as..., and	sowohl...als auch
zauważyć	to notice	bemerken, wahrnehmen
zawód	profession	Beruf
zawodowy,-a,-e (adj)	professional	beruflich
zawsze	always	immer
zazwyczaj	usually	gewöhnlich
zdjęcie, zdjęcia (pl)	photograph,-s	Foto,-s
zdrowie	health	Gesundheit
zdrowy,-a,-e (adj)	healthy	gesund
ząb, zęby (pl)	tooth, teeth	Zahn,-̈e
zegarek	watch	(Armband)Uhr
zepsuty,-a,-e (adj)	spoiled, broken	kaputt, defekt
zero	zero	Null
zeszyt, zeszyty (pl)	notebook,-s	Heft,-e
zięć	son-in-law	Schwiegersohn
zielony,-a,-e (adj)	green	grün
ziemniak, ziemniaki (pl)	potato,-es	Kartoffel,-n
zima	winter	Winter
zimno (adv).	cold	kalt
zimny,-a,-e (adj)	cold	kalt
zlew	sink	Spülbecken
złoty	1. golden, 2. Polish currency	1. golden, 2. die polnische Währung
znać	to know	kennen
znaczek, znaczki (pl)	stamp,-s	Briefmarke,-n
znaczyć	to mean, to mark	bedeuten
znad	from, above	von
znowu	again	wieder
zostać	to stay, to remain	bleiben
zupa	soup	Suppe
zwierzę, zwierzęta (pl)	animal,-s	Tier,-e
Ź		
źle (adv)	wrongly, poorly	falsch, schlecht
Ż		
żaba	frog	Frosch
żakiet	lady's jacket	Jackett
że (conj)	that	dass
żelki (pl)	jelly, candy	Gummibärchen
żółty,-a,-e (adj)	yellow	gelb
żółw	turtle	Schildkröte
żona	wife	Ehefrau
„Żubrówka" (wódka)	Bison Brand Vodka	polnischer Wodka „ Grasovka"
żur(ek)	soup made of fermented rye flour	Sauermehlsuppe
żyć	to live	leben
życie	life	Leben
życzenia (pl)	wishes	Wünsche
życzyć	to wish	wünschen

Klucz

1. Owoce i warzywa

owoce:		warzywa:	
9	jabłko	1	pomidor
10	gruszka	6	ogórek
12	banan	4	kapusta
11	ananas	2	ziemniak
8	truskawka	5	por
7	śliwka	3	sałata

2. Bluzka, szynka, bułka...

1. bluzka
2. truskawka
3. papryka
4. lalka
5. kaczka
6. piłka
7. kurtka
8. żaglówka
9. szynka
10. torebka
11. bułka
12. książka
13. ręka

3. Jaki on jest?

Darek jest:
1. stary
2. szczupły
3. zdrowy
4. wesoły
5. wysportowany
6. przystojny
7. wysoki
8. mądry
9. niesympatyczny

Marek ma:
1. drogi samochód
2. mały dom
3. brzydki ogród
4. stary garaż
5. jasny salon
6. wygodny fotel
7. agresywnego psa

4. Kolory

A.
1. pomarańcza
2. noc
3. niebo
4. czekolada
5. śliwka
6. ogórek
7. truskawka
8. śnieg
9. cytryna
10. tęcza

B.
a. niebieski
b. pomarańczowy
c. biały
d. zielony
e. żółty
f. brązowy
g. czarny
h. czerwony
i. fioletowy
j. różowy

C.

Poziomo:
3. niebieski
5. pomarańczowy, -a
8. biały
9. fioletowy
10. brązowy, -a

Pionowo:
1. zielony
2. kolorowy, -a
4. czarny
6. czerwony, -a
7. żółty, -a

5. Paweł umie... prawie wszystko

1. siedzieć
2. chodzić
3. mówić
4. pisać
5. oszczędzać
6. golić się i wiązać
7. prowadzić
8. flirtować
9. gotować
10. grać
11. tańczyć
12. czekać
13. opowiadać
14. słuchać
15. śmiać się

6. Kot to nie koc

1. ogórek
2. kot
3. kuchenka
4. apteczka
5. oko
6. kwiaciarnia
7. plecak
8. lis
9. łóżko
10. miasto
11. balon
12. nos
13. piekarz
14. ser
15. spódnica

7. Czy to prawda?

1. prawda
2. fałsz
3. fałsz
4. prawda
5. fałsz
6. prawda
7. fałsz
8. fałsz
9. fałsz
10. fałsz
11. prawda
12. fałsz
13. prawda
14. fałsz
15. fałsz

8. Kucharka, aktorka, sekretarka...

A.

→: nauczycielka, kelnerka, pisarka, dziennikarka
←: tłumaczka, projektantka
↑: fryzjerka, dentystka
↓: asystentka, aktorka, sekretarka, kucharka, malarka, tancerka

B.

kobieta	mężczyzna
aktorka	aktor
projektantka	projektant
tłumaczka	tłumacz
asystentka	asystent
fryzjerka	fryzjer
nauczycielka	nauczyciel
kelnerka	kelner
kucharka	kucharz
dziennikarka	dziennikarz
malarka	malarz
pisarka	pisarz
tancerka	tancerz
sekretarka	sekretarz
lekarka	lekarz

9. Dlaczego? Bo...

1l	4g	7h	10b
2i	5k	8e	11j
3a	6c	9d	12f

10. Oferta kulturalna
Marek – 6
pani Ania – 2
Maciek – 5
pan Piotr – 4
pan Zenon - 3
Basia – 1

11. Hotel, fotel
A.
1. balk**on**, makar**on**
2. telewiz**or**, kalkulat**or**
3. kurcz**ak**, plec**ak**
4. zegar**ek**, kwiat**ek**
5. hot**el**, fot**el**
6. biuston**osz**, liston**osz**
7. lek**arz**, mal**arz**
8. fryzj**er**, keln**er**

B.
1. biustonosz
2. listonosz
3. zegarek
4. kwiatek
5. plecak
6. balkon
7. fotel

12. Lista zakupów
Marzena: 5
Maria: 6
Zuzia i Mirek: 3
pani Gawęda: 1
Barbara: 2
pan Majewski: 4
Krzysztof: 7
Oskar: 8

13. Co na zimę? Co na lato?
A.

8	kożuch	15	rękawiczki
4	bikini	11	kozaki
5	spodnie narciarskie	1	kapelusz słomkowy
9	kąpielówki	16	sandały
12	szalik	7	czapka z daszkiem
2	czapka futrzana	3	okulary słoneczne
14	krótkie spodnie	13	bluzka na ramiączkach
10	klapki	6	sukienka

B.
Ubranie dobre na lato: kąpielówki, bluzka na ramiączkach, sandały, krótkie spodnie
Ubranie dobre na zimę: czapka futrzana, szalik, rękawiczki, kozaki

C.
1. futrzana czapka
2. słoneczne okulary
3. spodnie narciarskie
4. słomkowy kapelusz
5. krótkie spodnie
6. bluzka na ramiączkach
7. czapka z daszkiem

14. Polska, Polak, Polka
A.
→: Anglia, Czechy, Austria, Finlandia, Norwegia, Niemcy, Francja
↓: Portugalia, Rosja, Hiszpania, Grecja, Irlandia, Polska, Szwecja, Węgry, Belgia, Włochy

B.
1. Polak, Polka
2. Czech, Czeszka
3. Belg, Belgijka
4. Niemiec, Niemka
5. Grek, Greczynka
6. Węgier, Wegierka
7. Austriak, Austriaczka
8. Szwed, Szwedka
9. Włoch, Włoszka
10. Francuz, Francuzka
11. Rosjanin, Rosjanka
12. Hiszpan, Hiszpanka
13. Angliik, Angielka
14. Fin, Finka
15. Irlandczyk, Irlandka
16. Portugalczyk, Portugalka

15. Pisarz pisze
1. pisarz
2. pływak
3. malarz
4. tancerz
5. pracownik
6. treser
7. trener
8. dyrygent
9. dekorator
10. moderator
11. kompozytor
12. sprzedawca
13. kontroler
14. programista
15. projektant
16. fotograf

16. O której godzinie? Kiedy?
A.
1. 7:10
2. 20:00
3. 24:00
4. 11:15
5. 12:00
6. 16:30
7. 22:00

B.
2. rano
6. wieczorem
3. przed południem
1. w nocy
7. o północy
5. po południu
4. w południe

C.
1. Rano
2. Wieczorem
3. O północy
4. Przed południem
5. W południe
6. Po południu
7. W nocy

17. Co to jest?

1. n**o**s	8. k**o**t
2. m**a**k	9. p**o**r
3. b**a**r	10. l**o**k
4. s**o**k	11. r**o**k
5. r**a**k	12. w**o**k
6. h**a**k	13. n**o**c
7. l**a**s	

18. SMS do...
1. SMS do koleżanki
2. SMS do szefa
3. SMS do córki
4. SMS do mamy
5. SMS do męża
6. SMS do syna

19. Nie wiem...

1. gdzie	9. jak
2. dlaczego	10. kto
3. kiedy	11. co
4. czy	12. kogo
5. o kim	13. co
6. z czym	14. dlaczego
7. o czym	15. kiedy
8. z kim, czy	16. ile

20. Kartka z urlopu w Grecji

1. tato	10. brązowy
2. Serdeczne	11. hotelu
3. urlopie	12. tańczymy
4. Grecji	13. wycieczce
5. Mieszkamy	14. Zwiedziliśmy
6. morza	15. grecki
7. piękna	16. jedzenie
8. gorąco	17. Wracamy
9. pływamy	18. Całujemy

21. Czy oni dobrze reagują?

1. nie	7. nie
2. tak	8. tak
3. nie	9. nie
4. tak	10. tak
5. nie	11. nie
6. nie	12. nie

22. On / ona jest chirurgiem

A.

1 bankowiec	11 sportowiec
4 fotograf	2 chirurg
9 muzyk	12 weterynarz
10 polityk	3 elektryk
5 informatyk	8 mechanik
7 kierowca	6 inżynier

B.

Poziomo:	**Pionowo:**
3. fotograf	1. sportowiec
4. muzyk	2. polityk
7. bankowiec	5. kierowca
8. chirurg	6. informatyk
9. weterynarz	
10. elektryk	**rozwiązanie:** technik

23. Dom

A.

1 strych	11 taras
5 łazienka	8 salon
10 garaż	7 kuchnia
9 piwnica	6 toaleta
3 sypialnia	4 balkon
2 pokój dziecka	

B.

Poziomo:	**Pionowo:**
3. sypialnia	1. taras
6. salon	2. piwnica
7. łazienka	4. przedpokój
9. garaż	5. balkon
10. toaleta	8. strych

24. Oni marzą o...

1l	7d
2b	8a
3j	9f
4g	10e
5h	11k
6c	12i

25. Komplementy

1c	6f
2a	7j
3b	8i
4e	9h
5d	10g

26. Gdzie?

1. między	5. obok
2. w	6. na
3. pod	7. przed
4. nad	8. za

27. Prognoza pogody

A. 1 – 3 – 2 – 4

B.

1. prognoza	4. ciepło
2. słońce	5. opady
3. wiatr	6. temperatura

28. Kto ma dzisiaj imieniny?

1 maja: M / K
2 maja: M / M
3 maja: K / K
4 maja: K / M
5 maja: M / M
6 maja: K / M
7 maja: M / K

1 maja Jakub Magdalena	**2 maja** Zygmunt Filip	**3 maja** Maria Joanna	**4 maja** Monika Jan
5 maja Waldemar Aleksander	**6 maja** Judyta Benedykt	**7 maja** Piotr Małgorzata	

29. Lekarz, konduktor, dentysta...

1. aktor
2. konduktor
3. lekarz
4. weterynarz
5. dentysta
6. pianista
7. sprzedawca
8. kierowca
9. urzędnik
10. mechanik
11. kelner
12. fryzjer

30. Co oni mówią?

1. – Smacznego.
   – Nawzajem.
2. – Aaaaapsik.
   – Na zdrowie.
3. – Przepraszam.
   – Nic nie szkodzi.
4. – Bardzo dziękuję.
   – Nie ma za co.
5. – Czy to miejsce jest wolne?
   – Nie, zajęte. Ale ja jestem wolny.
6. – Czy można prosić popielniczkę?
   – Nie, to sala dla niepalących.
7. – Nazywam się Bartłomiej Mruk.
   – Bardzo mi miło. Wesołowski.
8. – Jaki bilet? Normalny?
   – Nie, ulgowy.
9. – Czy coś jeszcze?
   – Nie, dziękuję to wszystko.
10. – Która jest godzina?
   – Nie mam zegarka.

31. Szafa, szympans, szuflada...

1. szafa
2. szachy
3. szuflada
4. szyja
5. szalik
6. szampon
7. szampan
8. szminka
9. szklanka
10. szympans
11. szlafrok
12. szkoła
13. szczoteczka
14. szynka

32. Wszystkiego najlepszego!

A. Boże Narodzenie
B. Wielkanoc
C. ślub
D. narodziny dziecka
E. urodziny
F. imieniny
G. zdany egzamin
H. pozdrowienia z urlopu

33. Skąd oni są? Co oni lubią?

1. z Polski - włoską pizzę
2. z Anglii - hiszpańską corridę
3. z Ameryki - niemieckie piwo
4. z Rosji - austriackie Alpy
5. z Hiszpanii - polskie pierogi
6. z Austrii - amerykański futbol
7. z Francji - rosyjską wódkę
8. z Grecji - angielską herbatę
9. z Niemiec - greckie oliwki
10. z Włoch - holenderski ser

34. Bartek był całe życie szczęśliwy

1. spał
2. ćwiczył
3. jadł
4. pił
5. spotykał się
6. jeździł
7. mył
8. kochał
9. pracował
10. śpiewał
11. pomagał
12. chodził
13. palił
14. kłócił się

35. Jestem z Polski

A.

1. w Austrii
2. w Hiszpanii
3. z Danii
4. w Portugalii
5. w Japonii
6. w Holandii
7. w Anglii
8. z Rosji
9. z Finlandii
10. z Belgii
11. w Szwajcarii
12. z Tunezji
13. z Turcji
14. w Szwecji
15. w Irlandii

B.

1. z Polski
2. w Niemczech
3. z Ameryki
4. z Czech
5. we Włoszech
6. w Stanach

36. Kuchnia

12 kuchenka
6 czajnik elektryczny
4 lodówka
10 stół
11 krzesło
7 zlew
9 piekarnik
8 kosz na śmieci
5 płyn do mycia naczyń
1 szafka
2 ekspres do kawy
3 kuchenka mikrofalowa

37. Jaka to kategoria?

1. czerwony - liczby
2. niebieski - dni tygodnia
3. wczoraj - miesiące
4. kiełbasa - zwierzęta

5. rower - warzywa
6. ser - pory dnia
7. wrzesień - kolory
8. herbata - alkohole
9. deszcz - pory roku
10. mleko - pieczywo
11. szafa - wędliny
12. Niemcy - miasta
13. Wisła - państwa
14. sobota - meble

38. Amelia gra na gitarze

A.

1 trąbka
2 pianino
5 fortepian
4 gitara
3 perkusja
9 puzon
12 tamburino
8 kontrabas
6 bęben
10 skrzypce
11 organy elektryczne
7 flet

B.

1. trąbce
2. pianinie
3. perkusji
4. gitarze
5. fortepianie
6. bębnie
7. flecie
8. kontrabasie
9. puzonie
10. skrzypcach
11. organach elektrycznych
12. tamburinie

39. Weronika jest wegetarianką

A.

1. pasztet
2. banany
3. cebula
4. kaczka
5. kapusta
6. kiełbasa
7. kotlety sojowe
8. kurczak
9. mięso mielone
10. ogórki
11. papryka
12. parówki
13. pieczarki
14. pomidory
15. szynka
16. ziemniaki

B.

Weronika: kotlety sojowe, cebula, pomidory, pieczarki, ziemniaki, kapusta, banany, papryka, ogórki

Michał: szynka, kurczak, pasztet, kaczka, mięso mielone, kiełbasa, parówki

40. Ulubiony..., ulubiona..., ulubione...

imię
nazwisko
1. film
2. pisarz
3. aktor
4. kolor
5. owoc
6. kwiat
7. dzień tygodnia
8. muzyka
9. książka
10. marka samochodu
11. dyscyplina sportu
12. pora roku
13. ciasto
14. zwierzę
15. miasto
16. wino

41. Łazienka

13 wanna
11 umywalka
1 lustro
4 prysznic
10 ręcznik
6 mydło
7 toaleta
14 waga
12 pralka
5 papier toaletowy
2 szczoteczka do zębów
3 pasta do zębów
9 szampon
8 proszek do prania

42. Ubrania

typowa szafa kobiety:

1 sukienka
2 bluzka
3 żakiet
4 biustonosz
5 spódnica
6 rajstopy
7 figi
8 stringi
9 szpilki

unisex:

10 kurtka
11 T-shirt
12 dżinsy
13 sweter
14 spodnie
15 buty sportowe
16 skarpetki

typowa szafa mężczyzny:

17 garnitur
18 marynarka
19 slipy
20 krawat
21 koszula

43. Meble

A.

	obrazek I	**obrazek II**
szafa	v	
łóżko	v	v
biurko		v
fotel	v	
stół	v	v
krzesło		v
dywan	v	
lampka	v	v
sofa		v
regał	v	v
kwiatek		v

B.

→: szafa, krzesło, lampka, drzwi, komoda, dywan, kwiatek, biurko, lustro
↓: obraz, regał, łóżko, sofa, okno, telewizor

44. Problemy w hotelu

A.

1. jest
2. nie funkcjonuje
3. nie ma
4. nie funkcjonuje
5. jest
6. jest
7. jest
8. nie ma
9. nie ma
10. nie ma
11. nie ma
12. jest

B.

a7	g11
b4	h3
c1	i6
d2	j12
e5	k10
f8	l9

45. Piękne ciało

A.

1 głowa	4 palec u ręki
2 oko	12 noga
6 ucho	14 stopa
5 szyja	11 kolano
3 nos	10 pośladki
15 usta	13 palec u nogi
8 brzuch	9 plecy
7 ręka	

B.

1. ucho - uszy
2. stopa - stopy
3. kolano - kolana
4. oko - oczy
5. ręka - ręce
6. noga - nogi
7. palec - palce
8. pośladek - pośladki

C.

1. oko	6. nogi
2. stopa	7. brzuch
3. ucho	8. głowa
4. plecy	9. palce
5. kolana	

46. Woda jest... wszędzie

3 wodospad	8 staw
4 fontanna	10 basen
6 rzeka	9 strumyk (górski)
5 jezioro	7 kałuża
1 morze	2 akwarium

47. Łyżka, widelec, nóż

3 talerz	7 nóż
1 łyżka	4 kieliszek do wina
10 łyżeczka do herbaty	14 sól
13 oliwa	2 serwetka
6 talerzyk	5 kubek
9 szklanka	8 filiżanka
11 widelec	16 pieprz
15 ocet	12 wykałaczki
17 butelka	

48. Jaka jest pogoda?

A.

1 Pada deszcz.
3 Wieje wiatr.
5 Jest mróz, -15°C.
7 Pada grad.
9 Jest burza.
2 Pada śnieg.
4 Świeci słońce.
6 Jest upał, +35°C.
8 Jest mgła.
10 Jest duże zachmurzenie.

B.	**C.**
1. pochmurno	1. Wieje
2. słonecznie	2. mróz
3. deszczowo	3. grad
4. mgliście	4. świeci
5. burzowo	5. Pada
6. mroźno	6. Jest
7. wietrznie	

49. Rodzina. Kto jest kim?

A.

mama, Teresa Kowalska z domu Nowak: 2, 5, 7, 18
tata, Tadeusz Kowalski: 3, 6, 13
córka, Laura Kowalska: 1, 4, 10
babcia, Stanisława Nowak - matka Teresy: 8, 9, 11, 14, 15, 16
dziadek, Henryk Kowalski - ojciec Tadeusza: 8, 12, 17

B.	**C.**	
a. Laura Kowalska.	1. a	5. a
b. Inżynierem.	2. b	6. c
c. 14 lat.	3. b	7. c
d. W domu.	4. a	8. a
e. Henryk Kowalski.		

50. Niemiec, Hiszpanka, Anglik

Poziomo:	**Pionowo:**
4. Hiszpanka	1. Amerykanka
7. Włoszka	2. Fin
8. Grek	3. Niemiec
9. Polak	5. Australijka
12. Europejczyk	6. Angielka
13. Austriak	10. Rosjanka
14. Francuz	11. Duńczyk
15. Anglik	

51. Ulica

7 rondo	9 taksówka
11 tramwaj	6 motocykl
12 ulica	10 rower
1 autobus	5 przystanek tramwajowy
8 samochód	2 chodnik
13 skrzyżowanie	4 metro
	3 kosz na śmieci

52. Miłego weekendu!

1. h	5. f	9. a	13. e
2. i	6. b	10. d	
3. c	7. k	11. j	
4. g	8. l	12. k	

53. Jak się nazywa to zwierzę?

5 pies	8 kanarek
6 kot	3 pająk
9 chomik	4 królik
1 ryba	2 żółw
7 papuga	

54. Miasto

A.

5 restauracja	2 szpital
7 kino	3 toaleta
9 kawiarnia	11 dworzec kolejowy
6 uniwersytet	12 lotnisko
4 muzeum	10 kantor
1 poczta	8 bank

B.

1. restauracja	7. muzeum
2. kino	8. lotnisko
3. uniwersytet	9. toaleta
4. poczta	10. bank
5. szpital	11. kantor
6. dworzec kolejowy	12. kawiarnia

55. Zimno mi

1. Zimno mi.
2. Milo mi.
3. Kocham cię.
4. Jestem głodny.
5. Chce mi się pić.
6. Słabo mi.
7. Nudzę się.
8. Podoba ci się?

56. Kto jeździ motocyklem?

A.

4 traktor	9 rower
2 autobus	1 samochód
6 skuter	7 ciężarówka
11 taksówka	3 motocykl
8 metro	10 pociąg
5 tramwaj	

B.

a. Marek	g. Patryk
b. Kinga	h. Bazyli
c. Bartek	i. Justyna
d. Weronika	j. Barbara
e. Kuba	k. Asia
f. Agnieszka	

57. Żółty ser czy biały ser?

1. żółty	7. bogaty
2. zielone	8. pełna
3. krótkie	9. chore
4. słodki	10. stary
5. interesujący	11. szczupła
6. mała	12. wesoły

58. Kleopatra była...

1. Austriakiem, kompozytorem
2. Niemcem, poetą
3. Polką, fizykiem, chemikiem i noblistką
4. Francuzką, projektantką mody
5. Polakiem, astronomem
6. Amerykaninem, królem popu
7. Angielką, autorką kryminałów
8. Anglikiem, reżyserem
9. Włochem, malarzem i rzeźbiarzem
10. Egipcjanką, królową
11. Niemką, aktorką i piosenkarką
12. Francuzem, generałem i cesarzem
13. Grekiem, matematykiem i filozofem
14. Francuzką, piosenkarką
15. Hindusem, politykiem i pacyfistą

59. Jaka to kuchnia?

1. japońska	6. grecka
2. polska	7. rosyjska
3. francuska	8. austriacka
4. amerykańska	9. chińska
5. włoska	10. niemiecka

60. Gdzie kupisz te produkty?

A.

13 gazeta	2 bilet tramwajowy
1 sól	7 papierosy
11 tulipany	4 bukiet
8 sandały	14 gramatyka języka polskiego
10 spodnie	15 buty sportowe
5 bułki	12 miód
6 kurtka	3 bluzka
9 słownik	

B.

sklep spożywczy: sól, bułki, miód, papierosy
kiosk: gazeta, bilet tramwajowy, papierosy
kwiaciarnia: tulipany, bukiet
sklep obuwniczy: sandały, buty sportowe
sklep odzieżowy: kurtka, spodnie, bluzka
księgarnia: gazeta, słownik, gramatyka języka polskiego

61. Dwa, trzy, cztery...

A.

1. trzy lustra
2. dwa jabłka
3. dwa łóżka
4. trzy okna

B.

1. dwie piłki
2. dwadzieścia cztery książki
3. cztery komórki
4. trzy kwiatki
5. trzydzieści trzy kieliszki

C.

1. dwie szafy
2. trzy sofy
3. dwa koty
4. trzy psy
5. cztery lampy
6. dwa regały
7. trzy stoły
8. trzy obrazy

D.

1. trzy fotele
2. dwa materace
3. dwa kosze na śmieci
4. trzy fotografie

62. Jaki prezent dla…?

A.

10	szachy	8	perfumy
7	pierścionek	5	praliny
12	wódka „Żubrówka"	11	wycieczka do Pragi
1	filiżanka	6	bilet do filharmonii
3	pies chihuahua	2	bukiet róż
9	słownik	4	książka kucharska „Kuchnia chińska"

B.

a.	bukiet róż	g.	perfumy
b.	pierścionek	h.	praliny
c.	wódka „Żubrówka"	i.	wycieczka do Pragi
d.	filiżanka	j.	bilet do filharmonii
e.	pies chihuahua	k.	książka kucharska „Kuchnia chińska"
f.	słownik	l.	szachy

63. To są…

7	okulary	6	nożyczki
3	drzwi	12	skrzypce
8	rajstopy	10	urodziny
1	majtki	2	plecy
9	spodnie	5	kalesony
4	dżinsy	11	usta

64. Co nie pasuje?

A.

1.	szpinak	6.	kapuśniak
2.	bułki	7.	makowiec
3.	mleko	8.	groszek
4.	woda	9.	ziemniaki
5.	bigos	10.	śmietana

B.

a4	f2	d5	e6
b7	g8	i1	j10
c3	h9		

65. Pierogi z kapustą

1.	z musztardą	9.	z cukierkami
2.	z bitą śmietaną	10.	z sernikiem
3.	z lodem	11.	z gumą do żucia
4.	z majonezem	12.	z uszkami
5.	z sokiem malinowym	13.	z ryżem
6.	z dżemem	14.	z czekoladą
7.	z papryką	15.	z bigosem
8.	z makiem		

66. On jeździ na rowerze

1. na rowerze
2. na rolkach
3. na nartach
4. na hulajnodze
5. na deskorolce
6. na łyżwach
7. na sknowboardzie
8. na skuterze
9. na koniu
10. na karuzeli

67. Sklepy

A.

10	stacja benzynowa	4	kiosk
2	sklep obuwniczy	8	piekarnia
5	księgarnia	6	kwiaciarnia
3	cukiernia	1	apteka
9	sklep spożywczy	7	sklep odzieżowy

B.

1. w cukierni
2. w sklepie obuwniczym
3. na stacji benzynowej
4. w aptece
5. w piekarni
6. w kwiaciarni
7. w kiosku
8. w sklepie spożywczym
9. w księgarni
10. w sklepie odzieżowym

C.

a. atlasy, gazety
b. spódnice, rogaliki
c. papierosy, sukienki
d. róże, książki
e. bilety, kozaki
f. frezje, gazety

68. Co oni robią?

1. oni czytają książki
2. oni opalają się
3. oni obserwują horyzont
4. oni spacerują
5. oni grają w bilarda
6. oni pływają
7. oni jedzą lody
8. oni tańczą
9. oni grają w karty
10. oni gotują
11. on robi drinki
12. oni piją wino
13. oni śpią
14. oni flirtują

69. Z czym oni mają problem?

1. z samochodem
2. z kartą bankomatową
3. z rurą w łazience
4. z matematyką
5. z orientacją w mieście
6. z parasolem
7. z fonetyką polską
8. z ortografią polską
9. z pieniędzmi
10. z szefem
11. z kotami
12. z paszportem

70. Mała czy duża litera?

A.

1. **P**olak – **P**olska – **p**olski – **P**oznań - **p**ies
2. **W**arszawa – **w**ino – **W**isła - **W**rocław - **W**łoch
3. **N**orwegia – **n**oga - **n**iemiecki – **N**iemiec - **n**oc
4. **A**ngielka – **a**merykański – **A**ustriak – **A**lpy - **a**ustriacki
5. **H**imalaje – **H**enryk – **h**otel – **h**ulajnoga - **H**elsinki
6. **F**rancja – **f**ilharmonia – **f**rancuski – **F**ilip - **f**iliżanka
7. **R**obert – **R**osja - **r**ak - **r**osyjski - **r**ower
8. **T**eresa – **t**rawa - **t**ruskawka – **T**atry - **t**ato
9. **B**elgia – **b**rzuch – **b**iologia – **b**elgijski - **B**ieszczady
10. **K**arkonosze – **k**asa – **K**raków – **K**rzysztof - **k**ino

B.

a. państwa

1. Polska, 2. Norwegia, 3. Francja, 4. Rosja, 5. Belgia

b. narodowości

1. Angielka, 2. Polak, 3. Włoch, 4. Niemiec, 5. Austriak

c. miasta

1. Kraków, 2. Poznań, 3. Warszawa, 4. Wrocław, 5. Helsinki

d. góry

1. Karkonosze, 2. Alpy , 3. Himalaje, 4. Tatry, 5. Bieszczady

e. imiona

1. Robert, 2. Henryk, 3. Filip, 4. Krzysztof, 5. Teresa